Betsy without "S"

글·그림 / 이어떤

우먼치 번역가의 번역이야기

'베티' 바이어스에게
이 책을 바친다

프롤로그

"취미가 번역이라고요?"

라고 상대가 되물을 때가 많았다. 혹은 "아하"하고서, 어색한 웃음과 함께 넘어가거나. 물론 번역이 일반적인 취미라고 할 수는 없겠지만, 그럼에도 10년 동안 해온 취미가 공감 받지 못하는 순간은 늘 무안하다. 그래서 언제부터인가, "제 취미는 독서예요" 같은 평범한 이야기로 얼버무렸던 것 같다. 밖으로 나오지 못하고 흐물흐물 쌓여갔던 말들이 몸 안에서 뭉쳐져, 결국 이 책으로 나온 모양이다.

한 기사를 읽었다. 본격적인 인공지능 시대가 오면, 가장 먼저 사라질 직업 1순위가 번역가란다. 파파고를 비롯한 AI 번역기들은 점점 발전하고 있고, 대학생들은 이제 수업에서 영어 리딩을 받으면 파파고부터 킨다. 속된 말로 '발-번역'

을 보면 자연스럽게 따라 나오는 "구글 번역기 돌렸네."하는 말도 언젠가 사라질지도 모른다. 그럼 몇 십 년 뒤엔 "취미가 번역이라고요?"라는 질문의 의미가 달라질지도 모르겠다. "특이한 취미를 갖고 있으시네요."에서, "아직도 직접 번역을 하는 사람이 있다니."로. "아직도 드라이기 안 쓰고 수건으로 머리 말리는 사람이 있다니", "아직도 전자레인지 안 쓰고 냄비 쓰는 사람이 있다니" 정도의 느낌이 되어있지 않을까.

그렇지만 나는 인간의 행위로서의 번역이 결코 사라지지 않을 것이라 항변해본다.

번역. 누군가는 번역이란 보면 이미 훌륭한 작가가 잘 차려놓은 밥상에 숟가락만 얹는 거라고 말한다. 아주 틀린 말도 아니다. 그런데 번역은 그냥 숟가락은 아니고 아주 독특한 숟가락이다. 작가의 입장에서는 가장 먼저 만들어지는 건 자신의 작품 즉 원서이고, 번역은 원서가 있어야만 탄생할 수 있는 2차적 존재다. 하지만 독자는 도리어 이 번역을 가장 먼저 만나고, 그 다음에야 원서를 만나게 된다. 심지어 독자가 원서를 찾아 읽을 것인가는 오롯이 독자의 선택에 맡겨지게 된다. 그렇기에 번역은 그냥 다된 밥에 얹어진 숟가락이 아니라, 독자가 떠먹을 음식의 맛, 그 음식을 먹고 싶은 마음에 영향을 미치는 강력한 숟가락이다.

그럼 음식을 잘 전달할 수 있고, 먹고 싶은 마음이 들게 하면서도, 본래 음식이 갖고 있는 맛을 해치지 않은 숟가락이란 어떤 것인가? 즉, 좋은 번역이란 무엇인가? 이 '최적의 숟가락'은 기준은 작품마다, 또 작품에 대한 번역가의 해석마다 달라질 수밖에 없다. 바로 이 지점에서 번역만이 가지고 있는 미학이 탄생한다.

나는 그 변덕스러운 번역의 미학에 매료되어 10년 동안 혼자만을 위한 번역을 해왔다. 방구석에서 홀로 Betsy Byars라는 한 작가의 작품을 거의 다 번역했었고, 특히나 한 작품의 경우 10번 넘게 번역을 했다. 이제 겨우 스물 몇 살 되었으니, 과장해서 말해본다면 인생의 절반가량을 번역과 늘 함께 해온 셈이다.

그런데 그 번역본을 누구에게 보여준 적도 없고, 현재의 꿈이 번역가이거나 한 것도 아니다. 전공이 영어도 아니고, 전문 통번역 수업을 들은 적도 없다. 그야말로 "무면허 번역가"다. 거기다 제 번역본을 공유하지도 않는 '골방 번역가'다. 직업적 로망도 없고, 남들에게 읽히지도 않는데, 대체 왜 번역을 하는가?

그 말에 내가 답할 수 있는 건 오직 하나다.

번역은 그 자체로 하나의 예술이기 때문에.

나의 이야기는 인생에 대한 아주 대단한 메시지를 던지지도 않고, 일반인도 번역을 시작하는 법 같은 실용적 지식을 전달하지도 않는다. 그저 10년 동안 지독하게 한 작가, 한 작품을 번역해왔던, 그러면서 나의 번역과 함께 성장해왔던 시간을 기록했을 뿐이다. 그럼에도 욕심을 부려 기도해본다. '번역'이라는 걸 하며 이렇게까지 매료되고 가슴이 뛸 수 있다는 게 전해지길, 누군가에게 나의 이야기가 번역이라는 예술을 시작하는 작은 계기가 되어주길.

목차

프롤로그 / 4

1. 여름: 사라 그리고 나 *Summer*

   첫 번역 / 13

   좋은 번역, 나쁜 번역 / 29

   범람하는 이미지 (1) / 44

   범람하는 이미지 (2) / 52

   범람하는 이미지 (3) / 64

   환절기 / 107

2. 겨울: 아멘의 시 나의 번역 *Winter*

   겨울 / 113

   크래커 잭슨 / 122

   비둘기 파수꾼 / 138

   Betsy에 대한 짧은 평론 / 180

   겨울의 끝 / 185

3. 다시 여름: Betsy Without S   *Aagain, Summer*

  베티가 아니라 베치 / 191

  새로운 꿈 / 200

  작별 인사하며 재회하기 / 206

  재개 / 219

  홀로 보는 번역은 아름다울 수 있는가 / 245

  에필로그 / 257

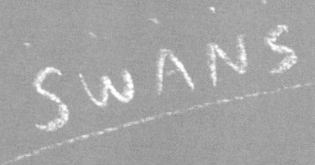

*일러두기:
인용된 원서는 <The Summer of the Swans> (Puffin Books판), <Keeper of the Doves> (Penguin, 2004) e-book을 기준으로 인용 페이지를 표기하였다.

1

:

여름
사라 그리고 나

Summer

: 첫 번역

　　　　　　　　그 책을 처음 만난 건 중학교 영어 교실에서였다. 우리 학교에 입학하는 학생 수가 해마다 줄면서 이내 교실 두 개가 비게 되었고, 학교에서는 그 두 교실을 아예 하나로 합쳐서 영어 교실을 만들어버렸다. 이후로 '원어민'과 함께하는 토론 수업은 모두 그 교실에서 진행되었다. 이따금 수업이 없는 빈 시간이나 방과 후에 영어 교실이 열려 있곤 했는데, 학생들이 잘 찾지 않아 아주 조용했다.

　나는 영어교실이 비어있는 걸 볼 때마다 몰래 그곳에 들어갔다. 그렇게 그곳은 나만의 비밀 공간이 되었다. 교실 벽을 따라 늘어선 진한 갈색 책장에 영어 원서들이 제법 많았고 소설책부터 수업교재까지 종류도 다양했다. 하지만 그 책을 읽는 학생은 아무도 없었다.

그날도, 종례 후 청소까지 마치고 집에 가려던 길에 영어 교실을 들렀다. 혹시나 하고 문을 당겨보았다. 열려 있었다. 경비분이 아직 문을 잠그시지 않은 듯했다. 나는 익숙한 발걸음으로 교실에 들어가, 새로 지은 교실 특유의 페인트 냄새를 맡았다. 교실엔 아무도 없었다. 여름 공기만이 그곳을 꽉 채우고 있었다. 특유의 습도와 더위, 기분 좋은 매미 소리와 책들이 뿜는 종이 향기가 뒤섞여 있었다. 집에 가긴 싫었던 나는 괜히 책장을 훑으며, 책등을 손으로 쓸었다. 그때, 내 손이 책 한 권에서 멈췄다. 빛바랜 하늘색에 초록색 글씨의 제목이 쓰인, 자그마한 책.

The Summer of the Swans.
백조의 여름.

왜 하필 그때 그 책이 눈에 들어왔는지는 모르겠다. 'Summer'과 'Swans', 이 단어들의 첫 글자들이 만들어 내는 운율 때문에? 아니면 심지어 작가 이름 'Betsy'와 'Byars'에조차 B로 시작하는 두운이 있어서? 모르겠다. 가끔, 그냥 아무 이유도 없이 이끌려 뽑게 되는 책이 있지 않은가? 그 책도 그런 책이었다.

책을 꺼내 살폈다. 표지에는 멍하니 허공을 보는 소녀의 옆모습과 흐릿한 들판의 이미지가 겹쳐 있었다. 제목에 어울리게 백조 몇 마리도 보였다. 한쪽 귀퉁이에는 "뉴베리상

수상작(미국의 권위 있는 청소년 문학상)"이라고 적힌 은색 라벨이 붙어 있었다. 그 옆에는 마치 도서관 책처럼 바코드가 찍혀 있었다. 처음 영어 교실을 만들 때 도서관으로도 활용하려 했다가 계획이 틀어진 모양이었다. 바코드는 버려졌고, 영어 교실에서 책을 꺼내보는 사람은 단 한 명도 없었으니 아무도 바코드의 존재를 의문시하지도 않았다.

인식될 수 없는 바코드, 제 위치를 아무도 추적하지 못하는 버려진 책. 지금 생각해보면 그러면 안 됐지만, 무슨 바람이 든 건지 나는 그 책을 가져다가 집으로 들고 왔다. 하루만 읽어보고 재미없으면 다시 제자리에 가져다 놓아야지. 그런 생각이었다. 나중에 내가 같은 책을 내 손으로 구입하게 되리란 걸, 그리고 그 책과 10년을 함께 하게 될 것이란 걸 그때는 알지 못했다.

§

작가 Betsy Byars는 주로 아이들을 위한 이야기를 집필했다. 그 중에서도 "백조의 여름"은 작가가 장애 아동들과 함께 하는 봉사활동에 참여하면서 구상한 것으로, 주인공 사라Sara의 남동생 찰리Charlie 캐릭터와 이야기 플롯을 구성하는 데에 작가의 경험이 반영되었다.

말이 나온 김에 우선 책의 주인공들부터 소개해보자면,

14살이 되어 사춘기를 맞이한 사라Sara, 발달장애를 앓고 있는 남동생 찰리Charlie, 언니 완다Wanda, 홀로 가족의 생계를 부담하고 있는 아빠 샘Sam, 그런 아빠 대신 아이 셋을 돌봐주는 고모 윌리Willie가 있다.

사라의 동생 찰리는 어린 시절 크게 앓은 열병으로 인해 뇌손상을 입었고, 이후 여러 가지 후유증을 겪고 있다. 예를 들어 찰리는 일상생활의 익숙한 패턴을 아주 조금이라도 벗어나면 몹시 불안해하면서, 그 불안을 해소할 수 있는 특정 행동을 강박적으로 반복하는 모습을 보인다. 가령 잠옷 단추가 하나가 사라지자 새벽까지 잠에 들지 못하고 단추가 빠진 자리를 계속 잡아 뜯는 식이다. 또한 사회적 자극에 제대로 반응하지 못해 감정표현이 다양하지 않다. 그는 '아직 갓난아기였음에도 열병에 시달린 뒤로는 웃지 않았고, 울지도 않았다.'고 묘사된다. 또 남이 하는 말은 알아들을 수는 있지만, 자신이 말을 하지는 못한다. 그래서 윌리 고모는 찰리에게 이름과 집 주소가 새겨진 팔찌를 채워주었다. 그 팔찌가 있으면 혹시나 찰리가 길을 잃고 스스로 도움을 청하지 못하더라도, 팔찌를 본 사람이 아이를 집으로 데려다줄 수 있으니 말이다.

그런 찰리가 어느 날 아침 사라지면서 이야기는 시작된다.
사건을 설명하려면, 찰리가 사라지기 하루 전날 오후, 완다가 윌리 고모와 실랑이를 한 시점까지 거슬러 올라가야

한다. 사라네 마을에는 커다란 강이 하나 있는데, 그곳에 처음으로 백조가 찾아온다. 소식을 들은 완다는 프랭크와 스쿠터를 타고 강가 드라이브를 하기로 약속했지만, 윌리 고모는 프랭크에게 '정 스쿠터 타가며 목 부러지고 싶으면 네 목만 부러져라. 완다는 절대 안 돼.'라며 완다와 프랭크를 막아선다. 하지만 윌리 고모는 결국 능글맞은 프랭크의 설득에 넘어가게 되고 완다는 무사히 데이트를 떠난다. 사라는 멀어져가는 완다 언니의 뒷모습을 지켜보다가, 무심결에 말한다.

"저도 강가에 백조나 보러 가 볼게요."

그 말을 들은 윌리 고모는 꼭 찰리도 데려가라며 사라의 등을 떠민다. 찰리는 한 번 외출했다가 뭔가에 꽂히기라도 하면 도통 집으로 돌아오려 하지 않아서, 찰리와 외출하는 건 사라에게 정말 고역이었다. 그래서 사라는 싫은 티를 팍팍 내지만 결국 고모의 잔소리에 못 이겨 찰리 손을 잡고 강으로 향한다. 가는 길에, 사라의 절친한 친구 메리네 집으로 잠깐 새긴 했지만 말이다.

우여곡절 끝에 사라와 찰리는 강가에 도착한다. 백조들이 보인다. 우아한 몸짓, 새하얀 날개, 빛을 받아 반짝이는 날개의 윤기, 완벽하게 대칭을 이르는 물에 비친 그림자, 서로 똑 닮은 모습들까지…. 찰리는 숨 막힐 듯 아름다운 백조에게 마음을 빼앗기고 만다.

어둑어둑 해가 지고, 이제 너무 어두워져 백조가 보이지도 않을 지경이 되었지만, 찰리는 그만 집에 가자는 사라에게서 등을 돌린 채 백조만 쳐다본다. 사라가 단호하게 찰리를 일으켜 세우려 하자, 찰리는 고장 난 로봇처럼 고개를 저으며 집에 가기 싫다고 고집을 피운다. 결국 사라가 찰리를 질질 끌면서 집에 돌아와야 했다.

 집에 돌아와서도 찰리 머리 속엔 온통 백조 생각뿐이다. 거기다 잠옷 단추까지 하나 빠져 버렸다. 이런 상황에서 어떻게 잠들 수 있겠는가. 찰리는 새벽이 될 때까지 침대에 누워 멀뚱히 천장만 바라본다. 찰리 빼고 식구 모두가 잠이 들었다. 단추가 사라진 자리를 불안한 듯 잡아 뜯던 바로 그때, 찰리 방 창문 너머로 희번덕한 무언가가 휙 하고 지나간다. 그걸 본 찰리는 가만히 미소를 짓는다. 백조 친구들도 자기를 보고 싶어 집까지 찾아왔다고 생각한 것이다.

 찰리는 잠옷 바람으로 살금살금 집을 빠져나온다. 앞뜰까지 왔지만 백조는 보이지 않는다. 사실 '희번덕한 무언가'의 정체는 옆집에서 키우는 하얀 고양이였다. 심지어 찰리도 그 고양이와 눈이 마주쳤다. 하지만 백조가 자신을 찾아왔다는 생각에 사로잡힌 찰리는 자기가 본 게 실은 백조가 아니라 고양이였다는 생각을 하지 못한다. 어디로 간 거지. 찰리가 생각한다. 결국 찰리는 윌리 고모가 절대 나가지 못하게 했던 대문을 넘는다. 집 밖에도 백조는 없다. 다시 강으로 돌아간 걸까. 강으로 가보자. 그렇게 찰리는 점점 집에서 멀어지기 시작한다.

 일전에 사라와 걸었던 길을 기억해내려 애쓰며 백조를 찾아 두리번거리지만 아무 것도 없다. 백조는커녕 오히려 점점 낯선 풍경만 눈에 들어오기 시작한다. 무언가 잘못 되었다는 걸 깨달았을 땐 너무 늦었다. 찰리는 어느새 강 뒤쪽 숲에 들어와 있었다. 다시 집으로 돌아가야 한다고 생각하는 그 순간, 어디선가 개들이 사납게 짖어대기 시작하고, 그 소리에 놀란 찰리는 미친 듯이 도망친다. 그렇게 찰리는 점점 더 깊은 숲 속으로 들어가다가 그만 미끄러져 언덕 아래로 굴러 떨어졌다. 그제서야 개 짖는 소리는 잠잠해졌지만, 어딘지도 모를 어둠에 갇혀버리고 만다. 온 몸은 잔가지에 긁혀 욱신거리고, 신고 나왔던 슬리퍼 한 짝도 사라져 있다. 지칠 대로 지친 찰리는 훌쩍거리다가 그만 잠이 든다.

 다음날 아침, 찰리가 사라진 걸 깨달은 사라네는 그야말로 '발칵 뒤집힌다.' 윌리 고모가 혹시나 찰리가 이웃집에 간 건 아닐지 이웃집들에 전화를 돌리는 사이, 사라는 찰리가 백조를 보러 강가에 갔을 거라 직감하고 강으로 달려간다. 가는 길에 우연히 메리와 마주친 사라는 메리에게 자초지종을 설명하고, 메리도 사라와 동행한다. 그렇게 둘은 강가에 도착하지만, 찰리는 없었다. 강가에만 가면 분명 찰리가 있을 거라 확신했던 사라는 온 몸에 힘이 풀리고 만다. 찰리가 대체 어디로 갔을지 생각해보려 애쓰지만, 도저히 알 수가 없다.

 별 수 없이 메리와 사라는 집으로 돌아오고, 윌리 고모가 친구에게 전화하다말고 사라에게 찰리 찾았냐는 눈빛을 보낸다. 사라는 힘없이 고개를 젓고, 윌리 고모는 친구와의 전화를 끊은 뒤 즉각 경찰에게 신고한다. 잠시 뒤 경찰이 도착하고, 마을 사람들로 구성된 수색대도 꾸려진다. 윌리 고모는 마을 폐광에 찰리가 갔을 거라 주장하고, 경찰들도 폐광 부근에 수색을 집중시키기로 한다.

 하지만 사라는 폐광 정 반대편에 있는 강 근처에 찰리가 있을 거란 생각을 떨치지 못한다. 어젯밤 찰리가 얼마나 백조에게 매료되었는지를 두 눈으로 똑똑히 보았으니 말이다. 사라는 메리와 잠시 뒤 다시 만나 강 뒷산에서 찰리를 찾아보기로 하고 메리를 돌려보낸다. 그러곤 윌리 고모가 자신의 아빠 샘에게 전화를 거는 걸 지켜본다.
 사라는 아빠에 대한 기억이 많지 않다. 아빠는 그들과 따로 살면서 돈을 벌고 있고, 사라네에 잘 찾아오지도 않으며, 사이도 서먹하다. 사라는 가족에게 무관심한 아빠가 밉기만 하다. 그래서 윌리 고모가 아빠와 전화하는 사이, 사라는 고모 옆에서 "어차피 찰리 없어졌다고 알려도 아빠는 안 올 거예요." 같은 말을 늘어놓으며 비아냥댄다. 고모가 아빠에 대해 그렇게 함부러 말하지 말라며 혼내지만, 사라는 그런 고모를 가볍게 무시하며 메리를 만나러 가기 위해 집을 나선다.

 메리네 집으로 가는 길. 누군가가 사라의 이름을 부른다.
 조 멜비다.
 사라는 '모종의 사건' 이후로 조를 보는 게 불편하기만 하다. 그런 사라 마음을 아는 건지 모르는 건지, 조는 사라를 부르는 자신을 무시하고 걸어가는 사라를 따라잡고서 찰리 찾는 걸 도와주겠다고 말한다. 이미 마을 라디오로 찰리의 실종 소식이 알려진 것이다. 조의 끈질긴 태도에 사라는 결국 조의 제안을 받아들인다.

 이후 우연인지 악연인지, 강가 뒷산에서 사라는 조를 다시 만나고 만다. 조는 사라와 약속한 대로 찰리를 찾기 위해 혼자 숲 속을 수색하고 있었던 것이다. 조는 사라에게 다가와 자신이 찾은 찰리의 슬리퍼 한 짝을 내민다. 그걸 전해 받은 사라는 찰리가 이쪽 숲을 다녀갔음을 더욱 확신하게 된다. 이후 메리는 광산 쪽으로 집중된 수색대에게 찰리 소식을 전하기 위해 읍내로 떠나고, 얼떨결에 단둘이 남겨진 조와 사라는 결국 화해를 한 뒤 함께 찰리를 찾아 나서게 된다.

 둘은 우선 숲 꼭대기기에 올라가, 숲의 지형과 찰리가 있을 만한 곳을 살피기로 한다. 겨우겨우 올라간 꼭대기에서 사라는 찰리의 이름을 힘껏 불러보지만, 대답은 돌아오지 않는다. 절망에 빠진 사라가 마지막으로 찰리의 이름을 불러본 그때, 어디선가 날카로운 울음소리가 들려온다. 찰리다.

 사라는 소리가 들리는 곳으로, 온 힘을 다해 뛰어 내려간다. 나무 사이로 난 어느 비탈길, 그 아래에서 사라는 마침내 찰리와 재회한다.
 뒤따라온 조, 그리고 사라, 찰리는 무사히 마을로 되돌아가 사람들에게 찰리를 찾았다는 소식을 알린다. 잠시 뒤 고모를 포함한 마을 사람들이 달려오고, 찰리는 윌리 고모를 보자마자 고모의 품속에 달려가 안긴다. 묵묵히 그 모습을 지켜보던 사라의 머리 위로 바람과 함께 그림자가 진다. 사라가 고개를 들어 하늘을 바라본다. 이 모든 일의 시작이었던 백조들이 어디론가 날아가고 있었다. 강을 떠나 다시 제 집으로 가는 것일까.

 그렇게 집으로 돌아온 사라는 자신에게 벌어진 일들을 다시 한 번 회상하면서, 자신이 어딘가 성장했음을 깨닫는다. 그러면서 "백조의 여름" 이야기도 끝을 맺는다.

§

 집에 돌아와 처음으로 "백조의 여름"을 펼쳤던 그 감각을 아직도 잊지 못한다.

 그날은 여름이라 그런지, 학교에서 집으로 돌아왔을 땐 4시 정도가 되었는데도 대낮처럼 밝았다. 아파트 십 층 자락에 있는 우리 집에까지 매미 소리가 요동쳤고(나무 한 그루에 매미 수백 마리씩은 붙어 있는 것 같았다), 아주 가끔 산들바람이 불어 여름의 열기를 식혀주었다. 바람이 집 안까지 들어올 때마다 창틀이 옅게 흔들리며 훅- 하는 소리를 냈다. 나는 가방만 내려놓고 자리에 서서 책을 폈쳤다. 어떤 책인지 잠깐 구경만 해볼 심산이었다.
 정신을 차렸을 땐 이미 해는 지고 있었고, 나는 그때까지도 마루에 서있었다. 짝다리를 짚었던 다리 한 쪽이 저렸다.

 그전까지는 '책에 푹 빠진다.'는 말을 믿지 않았다. 그냥 책 읽기 좋아하는 사람들이 지어낸 과장된 비유 같은 거라고 생각했다. 하지만 '백조의 여름'을 처음 읽었던 그 날, 그 시간만큼은 정말 책에 '빠져' 있었다고밖에 달리 표현할 길이 없다. "백조의 여름"을 읽는 동안, 표지는 컵이 되고 하얀 종잇장들은 우유가 되었고, 나는 그 속에 풍덩 뛰어들어 부유하고 있었다. 내 발은 한국의 어느 아파트 마룻바닥을 딛고 있었지만, 내 영혼은 버지니아주의 한적한 마을에 가 있었다. 물속에서는 두 귀가 먹먹해지고 물 밖에서 들리는 소리가 뭉겨져버리는 것처럼, 어디선가 매미소리가 들려왔지만, 그게 아파트 뜨락 나무에서 나는 소리인지, 책 안에서

들리는 소리인지 분간이 되지 않았다.

 그리스 신화에 보면, '바람'이나 '잠' 같은 걸 담고 있는 마법의 주머니, 상자 따위가 등장한다. 영웅 오디세우스는 오래도록 바다 위를 떠돌다가 겨우 신의 도움으로 고향 이타카에 도착했지만, 신의 경고를 어기고 바람이 든 주머니를 열어버린 부하 때문에 다시금 바다로 내몰리고 만다. 프시케 역시 지하 여신의 경고를 어기고 여신에게서 받은 상자를 열어보았다고, 상자에 담겨있던 '잠'이 프시케를 잡아먹고 말았다.
 오디세우스와 프시케의 비극은 잠시 제쳐두고, 그렇게 주머니에서 잠이나 바람이 튀어나와 인간을 감싸는 게 어떤 느낌일지 상상해본 적 있는가? 적어도 나는 그것이 어떤 것인지를 어렴풋하게나마 떠올릴 수 있다.

 왜냐하면 "백조의 여름"을 읽었을 때, 나는 분명히 느꼈기 때문이다. 여름을! 책을 펼치자, 제본 자국 때문에 움푹한 골짜기를 만들고 있는 종잇장들 사이에서, 여름의 향기와 바람이 새어져 나왔다. 코에 풀과 이슬, 흙이 뒤섞인 여름 냄새가 어른거렸고 그건 우리 집에서 나는 것이 아니었다. 그건 책 너머에 있는 사라의 세상이, 반대편 너머에 있는 나에게 전해주는 냄새였다. 여름 바람은 그 향기 사이를 비집고 새어나와, 마루에 멍청히 서 있는 나의 발끝부터 머리까지 솟구치듯 휘감았다. 허풍이 너무 심한 거 아니냐고, 어떻게 책을 읽고 그런 걸 느끼느냐고 되묻겠지만, 나는 정말로 그 산들바람을 느꼈다. 지금도 그 순간을 잊지 못한다.

　그 후로도 여름을 느끼고 싶을 때, 여름 냄새를 맡고 싶을 때, 다시 한 번 바람이 나를 여름이 한창인 그 작은 이국 마을로 데려다주길 바랄 때, 괜히 책장을 열어보곤 했다. 마치 그 책이 여름을 담고 있는 주머니라도 되는 듯이.

　하지만 나를 사로잡은 건 그 책이 비밀스럽게 간직하고 있는 여름의 기운뿐만이 아니었다-머릿속을 꽉 채우는 문장. 그 문장들이 내 손을 잡아 끌었다.

　나는 원어민도 아니고 원어민만큼 영어에 능통하지도 않기에, 영어 문장을 읽고 나면 그를 한국어로 재인식하는 과정을 거친다. 그리고 곧이어 나의 뇌는 한국어로 인식된 문장은 머리에서 휘발시키고, 힘겹게 다음 영어 문장을 받아들인다. 그러나 "백조의 여름"을 읽을 때는 무언가 달랐다.

　어릴 때 '모든 것을 기억하는 남자' 따위의 제목을 한 미스터리 프로그램을 본 적이 있는데 거기에 나오는 한 러시아 남성은 뇌의 이상으로 인해 기억이 사라지지가 않았다. 그래서 그의 머리는 항상 과도한 정보들로 꽉 차 있었다. 가만히 있어도 10년도 전에 스치듯 본 길가의 자동차 번호부터 오늘 점심을 먹으러 오면서 본 강아지의 목줄 색깔까지 온갖 이미지가 그의 머릿속에 떠올랐다. 그는 마치 쓰레기로 가득 찬 태평양에서 헤엄치다가 그물에 걸린 가엾은 거북이처럼, 기억의 바다에서 얼마 가지도 못하고 매번 쓰레기 기억에 부딪혀 괴로워했다.

"백조의 여름"을 읽고 나서 내가 딱 그러했다. 내 뇌를 여과하여 한국어로 변환된 문장들이 머리를 꽉 채우고 둥둥 떠다녔다. 챕터 구석에 있는 문장, 인물들의 대사 하나하나가 도저히 머리에서 떠날 생각을 않았다. 제멋대로 엉켜있는 문장들을 종이에 쏟아내고 싶었다. 머리가 터질 것 같았다. 그리고 심장도 터질 것 같았다. 처음 느껴보는 강열함이었다.

잠시 뒤 부모님이 퇴근하고 집에 돌아오셨고, 꾸역꾸역 자리에 앉아 밥을 먹었지만, 정신은 온통 "백토의 여름"에 가 있었다. 내가 그 책의 문장들에게서 받은 첫 느낌, 감정을 잊지 않고 끝까지 붙들어두기 위해서 안간힘을 썼다. 무언가 끌어올라 도저히 참을 수가 없었다. 그때 처음으로 생각했다.

'나, 저 책 번역해볼까?'

§

족히 일주일은 잡았던 번역은 하루 만에 끝났다. 원래대로라면 숙제할 거 하면서 번역은 조금씩만 할 계획이었는데, 막상 한 번 시작하니 멈출 수가 없었다. 머릿속 문장들이 끝없이 소리쳤다.

"나도 있어! 나도 있어! 나 좀 옮겨줘!"

그대로 놔두었다가는 사라질 것 같았고, 어떻게든 종이에 붙들어놓고 싶었다. 나는 오래도록 인간의 손에 묶여 있다가 마침내 제 고향에 돌아온 경주마였고, 둑을 터뜨리며 제 몸을 밀어붙이는 강물이었다.

딱 챕터 10까지만 더 번역하자고 결심하면, 곧 챕터 13에 있던 문장이 떠올랐다. 당장 번역하지 않으면 안 될 것 같았고 그럼 또 딱 챕터 13까지만 하자며 마음을 바꿨다. 그러다 보면 또 챕터 19가 떠오르고…. 그런 식이었다. "백조의 여름"은 총 23 챕터로 이루어져 있고, 후반부 챕터들은 길이는 짧지만 찰리를 찾아가는 상황이 긴박하게 묘사되어 있기 때문에, 챕터 19까지 번역했으면 이미 멈추기란 불가능했다.

마침내 챕터 23까지 번역을 끝냈고, 이야기를 떠나보낼 때마다 찾아오는 특유의 아릿함만이 남았다. 그 아릿함은 이후에 몇 번이고 그 책을 다시 번역해도 항상 똑같이 찾아왔다. 겨우 저를 꽉 채우고 있던 실타래들을 게워낸 내 머리가 안도의 한숨을 내쉬었다. 20kg은 빠진 듯 몸은 너무나 가벼웠고, 발은 줄어든 질량감에 적응하지 못하고 이리저리 춤을 췄다. 내 몸 근처에 반딧불이가 날아다니는 것 같기도 하고, 작은 빛들이 반짝반짝 하고 있는 것도 같았다. 이전에 한 번도 느껴본 적 없는 종류의 기쁨. 거의 절대적인 환희.

 그게 나의 첫 번역이었다.

좋은 번역, 나쁜 번역

"백조의 여름"의 주인공 사라 갓프리 Sara Godfrey는 14살이다. 공교롭게도 내가 그 책을 처음 만났을 때, 나 역시 중학교 2학년, 즉 14살이었다. 14살인 내가 같은 나이의 주인공이 나오는 책에 빠져서, 결국 번역까지 하게 되다니. 지금 생각하면 과도한 의미 부여지만 당시에는 정말 운명적이라고 생각했었다. 번역을 할수록 주인공에게 느끼는 유대감도 강해졌다.

하지만 책 속에서 동생을 찾고 또 자신의 사춘기까지 겪어내야하는 사라와, 당시의 나의 상황은 완전히 반대였다. 14살의 나는 정말 행복했다. 살면서 거의 유일하게 '즐겁게' 공부를 하던 시기였고, 이전에 공부를 워낙 안 했어서 그런지 공부 하는 족족 성적이 올라 스트레스도 별로 없었다. 무엇보다 그 해에 정말 소중한 친구들을 많이 만났다. 친구들과 놀 땐 즐겁게 놀고, 공부할 땐 별 부담 없이 그저 열심히 공부하고, 시간은 넉넉히 남아도는, 그야말로 호시절이었다. 그해 여름은 유난히 날씨도 좋아서 바람 한 줌, 햇볕 한 조각만 스쳐도 마음이 간지러웠다.

 시간적 여유도, 마음이 여유도 남아 돌았으니, 그 여백 속에서 나는 점점 번역에 빠져 들어갔다. 다시 한 번 "백조의 여름"을 번역하게 되기까지는 일주일 정도가 걸렸다. 그마저도 영어교실에서 가져온 책은 제자리에 돌려놓고, 정식으로 구한 원서가 미국에서 한국으로 건너오기까지 걸린 시간이었다.
 책이 도착했을 땐 망설일 이유가 없었다. 학교 마치고 집에 돌아와 딱 2시간만 번역을 하기로 계획을 세웠고(번역하느라 아예 숙제를 안 할 수는 없었다), 2시간 안에 최대한 많은 페이지를 번역하기 위해 미친 듯이 타자를 쳤다. 얼른 이 책을 다 번역하지 않으면, 나를 휘감았던 여름 바람, 아직 내 코앞에서 어른거리는 여름의 냄새, 나에게 떠오른 사라, 사라의 가족, 친구, 사라가 키우는 개, 풍경, 그 모든 이미지들이 백조처럼 날아갈 것만 같았다.
 문장 한 줄을 읽으면 활자들이 머리에 들어찼다. 사라지지 않고 쌓여가는 문장들은 나중에 가서는 머리 속 모든 공간을 꽉 채웠다. 나는 그 양감(量感)을 느끼며 번역의 벌판을 달리고 또 달렸다. 이미 다 읽었던 책이지만, 번역을 하기 위해 단어 하나 다시 읽을 때마다, 주인공들의 목소리가, 풀내음이 고개를 들었다. 우리 집 창 밖에 펼쳐진 그해 여름 풍경은 "백조의 여름"이 전하는 여름 냄새와 뒤섞여 내 마음을 더욱 고양시켰다. 나는 번역을 하며 살아있다고 느꼈다. 번역된 활자들로 짜여진 신발을 신고 앞으로 한 발짝 나아가면, 마치 주인공이 움직여야 암막이 걷어지고 새로운 구역이 나타나는 게임 맵처럼, 내 발 끝에서 새로운 세상이 피어올랐다. 나는 그 감각들을 내 옆에 영원히 묶어두고 싶었다. 번역과 함께 새롭게 시작된 나의 여름은 그야말로 눈부셨다.

§

결론적으로 약 3주의 시간 동안, 나는 같은 책을 두 번이나 번역했었다.

빨리 번역을 해냈다고 해서 내 번역이 '좋은 번역이냐'고 묻는다면 나는 전혀 아니라고 답할 것이다. 오히려 단기간에 급하게 번역한 만큼 오류가 정말 많았다. 무엇보다 그때는 번역이란 무엇이며, 무엇이어야 하는가, 좋은 번역이란 어떤 것인가에 대한 고민이 단 하나도 없었다. 그저 닥치는 대로 번역했고 떠오르는 대로 휘갈겼다. 내 번역은 면허를 갖춘 '전문 번역인', 즉 훌륭한 작품의 문학성은 그대로 보존하면서도 그 책이 완전히 새로운 언어권에서도 공감 받을 수 있게끔 번역할 책임이 있는 번역가라면 당연히 고려해야

할 지점들을 전혀 생각하지 않은 엉터리 번역이었다.

 그럼 좋은 영한 번역이란 뭘까? 번역가들마다, 또 번역을 접하는 독자마자 생각은 다 다르겠지만, 적어도 내가 번역서를 읽을 독자 입장에서 생각해본다면, 다음과 같은 기준들이 '좋은 영한 번역'의 리스트에 포함되어야 한다고 본다.

 첫째. 너무 당연한 말이지만, 일단 영어에 능통한 사람에 의해 이루어진 번역이어야 한다. 기본적인 관용 표현조차 모르는 사람이 한 번역을 누가 읽고 싶을까?

  둘째. 영어권 특유의 표현과 뉘앙스들을 포착하면서도, 동시에 그것을 한국적 표현으로 잘 옮겨놓아야 한다. 즉 영어 책을 아예 읽어본 적이 없는 독자도, 영어책에서 느낄 수 있는 감동을 그대로 느낄 수 있어야 한다.
 번역가는 자신이 만들어낸 번역본과 원서를 모두 읽기 때문에, 번역된 문장을 읽으면서 동시에 원작 표현도 머릿속으로 끌어올 수도 있다. 따라서 번역가는 어쩔 수 없이 번역본만을 접하는 독자들보다 작품에 대한 훨씬 풍부한 자료를 갖게 된다. 나는 그것이 번역가의 특권이지만 동시에 약점이기도 하다고 생각한다. 번역가가 자신의 번역을 검토하면서 무의식적으로 원서의 표현을 함께 생각하게 될 경우, 번역본만 놓고 보면 어색한 한국어 표현도 번역가 눈에는 자연스러워 보일 수 있다. 그러나 독자는 번역가와 달리 원서를 끌어올 수 없고, 어색한 한국어 표현을 날 것 그대로 마주하게 된다. 따라서 번역본을 팔면서 친절하게 원서를 무료로 증정할 게 아니라면, 독자의 입장에서 진행되는 번역이 필수적이다. 그렇기에 번역 과정에서 영어 특유의 느낌과 문체를 살리기 위하여 한국적 표현이나, 한국적 어감, 자연스러움을 지나치게 희생시키지 않아야 한다.

셋째. 문장의 흐름이 자연스러워야 한다.

생각보다 이 세 번째 기준을 지키기가 쉽지 않다. 한국어와 영어가 문장을 구사하는 방식 자체가 차이가 있기 때문이다.

예를 들어 영어에서는 접속사를 쓰지 않고도, 혹은 의도적으로 생략함으로써, 투박하게 나열된 문장의 행간으로부터 특유의 느낌을 전달하는 경우가 있다. 하지만 그 느낌을 한국어로도 그대로 구현해보겠답시고 문장을 접속사 없이 그대로 나열해놓는 게 능사는 아니다. 한국어의 어감은 영어와 달리, 접속사보다도 형용사와 부사, 접미사 등에 의해 좌우되기 때문이다. 접속사가 없으면 오히려 문장 연결이 어색해지기만 한다.

반대로, 영어에서는 '관계대명사'를 통해, 한국어 문장으로 2-3번은 끊었을 문장이나 절들을 길게 나열하기도 한다. 그리고 그러한 관계대명사 표현에서 오는 특유의 느낌이 또 있다. 그런데 그 느낌을 또 살려보겠답시고 한국어 한 문장으로 소설책 네 다섯줄을 쉬지 않고 이어놓으면, 읽는 사람 입장에선 기분이 어떨까?

 두 번째 조건에서도 말했지만, 이처럼 번역에서는 '영어적' 표현이 지닌 뉘앙스들을 날카롭게 캐치하면서도, 그 표현을 그대로 살리겠다는 과도한 욕심은 버리고 문화적으로 용인될 수 있는 어감으로 '수정할 수 있는' 용기가 필요하다.

 넷째. 나의 감정이 번역에 개입되는 것을 항상 조심해야 한다.
 물론 번역 과정에서 아예 감정을 배제하는 건 불가능하고, 때로는 번역가 스스로부터 이야기에 몰입해야 좋은 번역이 나올 수 있다. 그럼에도 번역가는 자신의 위치성이 가진 "권력"이라면 "권력"을 항상 인지하고 있어야 한다. 번역가는 한 작품과, 그 작품이 그전까지 만나지 못했던 새로운 세계, 새로운 사람들을 연결하는 최초의 존재다. 그만큼 독자의 경험에 미치는 영향력이 막강할 수 있는 위치에 있다. 즉 번역가의 '권력'이란, 어떤 정치적인 권력이라기보다는, 독자들이 그 책을 읽고서 어떤 경험을 할 것인가를 결정할 수 있는 영향력을 말한다.

 특히 번역가가 원서를 읽으면서 그 원서나 원 저자의 1호 한국팬이 되어버린 경우, 더더욱 나의 감정과 감상이 앞서 원작자의 표현을 해치지 않도록 조심해야 한다. 번역서는 나만을 위한 것이 아니다. 모두가 함께 읽는 책이다. 번역가 개인의 감상을 정답으로 치부하여 번역본을 읽을 독자들에게도 자신의 감상을 그대로 전달하려고 욕심 부릴 경우, 독자들은 스스로 이야기를 음미하고 감상할 기회를 상실하게 된다.

 이 모든 걸 요약하자면, 영어를 "그저 있는 그대로" 번역하지 않으면서도, 한국어로 어떻게 표현할 것인가를 선택함에 있어 번역가로서의 위치성을 인지하며 완성된 번역이 좋은 번역이다.
 이런 기준에서 보았을 때 내 번역은 완전 엉망이었다.

 일단 나는 이미 '좋은 번역'의 첫째 조건, 즉 영어를 잘 아는 사람이 번역해야 한다는 조건을 완벽하게 위반하고 있었다. 당시 나는 관용구 표현조차 제대로 알지 못했기 때문에 정말 주옥 같은 실수들이 가득했다. 아직도 기억에 남는 것 중 하나가 "No one can tell them(swans) apart."를 번역한 것이다. 'tell something apart'는 '구분하다'는 의미의 관용구인데, 번역할 당시 나는 그 표현이 관용구라는 것조차 몰랐다. 그리하여 '찰리는 백조들을 따로따로 말했다' 희대의 문장이 탄생했다.

 또 문장의 흐름은 매끄럽지 않다 못해 녹슨 톱니바퀴들이 부딪히듯 삐걱거렸다. 더 심각한 건, 그 부자연스러운 연결이 지극히 의도된 것이라는 사실이다. 나의 첫 번역본에서는 접속사나, 다른 이음새 표현을 찾아볼 수가 없었다. 원서에서 접속사를 쓰지 않으면, 나도 쓰지 않았기 때문이다. 왠지 모르겠는데 그때는 영어의 평서문이 접속사 없이 병치되었을 때 묻어나는 특유의 감각을 너무나도 보존하고 싶었다. 그래서 한국어 문장도, 투박하게 잘려 도마 위에 나란히 놓여있는 채소 줄기처럼, 뭉툭하게 나열해놓았다.

대사 처리도 부자연스럽기는 마찬가지였다. 내가 파악한 저자 Betsy Byars의 습관 중 하나는, 꼭 한 사람의 한 대사를 두 대목으로 자른 다음, 굳이 그 대목과 대목 사이에 'she says,' 따위를 넣는 것이다.

예를 들어, 원래대로라면「영희가 말했다. "너 오늘 읍내에 갈 거면, 나랑 같이 가자."」라는 대사가 있다고 해보자. Betsy Byars는 그럼 꼭 다음과 같은 식으로 문장을 적었다.

「"너 오늘 읍내에 갈 거면," 영희가 말했다. "갈 거면 나랑 같이 가자."」

문제는 이러한 Betsy의 스타일에서 오는 특유의 '느낌'이 있다는 것이었다. 특히 사라의 대사에서 저런 '자름 처리'가 쓰일 때면, 뒷말을 망설이는 듯한 연출이 되면서 예민하고 소심한 사라의 성격이 잘 표현된다. 혹은 누군가가 농담을 하는 장면에서 저런 식으로 대사를 자름으로써, 뜸을 들이는 효과가 생긴다.

하지만 그 효과가 어떻든, 적어도 지금까지 내가 읽었던 영미 청소년 소설의 번역서 중에서 위와 같이 대사와 대사 사이에 '누군가 말했다'가 끼어든 적은 한 번도 없다. 다시 말하면, '전문 번역가'라면 절대 저따위로 번역하지 않을 거란 것이었다. 붙여쓸 수 있는 대사는 붙여 써야 옳은 것이다. 그럼에도 나는 저런 이상한 형식을 고집했다.

하지만 정말 심각한 문제는 따로 있다. 한국어와 영어는 문장을 구성할 때, 전제하는 "사고방식"이 완전히 다르다. 그럼에도 불구하고 나는 이를 전혀 고려하지 않았다. 심지어 의도적으로 말이다.

예를 들어보자. 놀 거리가 없어 마냥 따분한 사라가 완다를 귀찮게 하면서 '나 할 게 아무 것도 없어.'라며 툴툴대는 장면이 있다.

한국어에서는 술어가 문장의 중심이 된다. 때문에 말을 구성할 때 있어, 주어나 목적어 등 다른 문장 성분들은 동사를 중심으로 구성된다. 따라서 '나 할 게 아무것도 없어'를 한국적인 방식으로 영어로 옮긴다면, 'I don't have anything to do.' 정도가 될 것이다.

하지만 영어는 명사적 표현이 중심이 된다(라고 나는 생각한다. 나는 영어 전공이 아니라서 내 말이 틀렸을 수도 있다. 하지만 적어도 내가 느끼는 영어는 그러하다). 한국어에서 동사로 만들 표현도 영어에서는 명사의 형태로 고친 뒤 표현한다. 별도의 문장이 되어야할 것들을 to부정사나 동명사 등을 통해 명사구로 탈바꿈시킨다. 한국어로 치면 "-함", "-임", "-는 것" 따위의 표현을 정말, 불필요할 정도로 자주 쓰는 것이라고 생각하면 쉬울 것이다.

따라서 '나 할 게 아무것도 없어'라는 문장을 영어식으로 표현한다면, '할 수 없다'를 '할 수 없음을 가졌다' 즉 'I have nothing to do'가 된다. '할 게 없어'라는 술어적 표현이 '할 것 없음nothing'이라는 명사적 표현으로 치환되고, 동사는 그저 부수적으로 붙게 되는 것이다.

그런데 '한국어와 영어의 사고방식, 문장을 구성하는 방식의 차이를 이해한다'는 규칙이 그렇게 간단하지만은 않다. 즉, 번역체를 올바른 한국어 문장으로 고치는 게 항상 옳은 게 아닐 때도 있는 것이다. 이는 번역을 할 때 번역가가 봉착하는 고뇌의 지점이자, 번역가의 결단을 요하는 지점이다.

또 다른 예를 들어보다면, 찰리가 앞뜰 나무에 이불을 걸쳐다가 텐트처럼 만들어놓은 장면이 있다. 내가 정말 좋아하는 장면 중 하나인데, 찰리가 텐트를 몹시 좋아한다는 내용이 영어로는 아래와 같이 쓰여 있다.

"The tent had pleased him."

직역하면 "텐트는 찰리를 기쁘게 했다."가 될 것이다. 하지만 한국어 문장에서 이런 사역 표현은 좋은 표현이 아니다. 텐트는 살아있는 게 아니고, 따라서 텐트가 살아있는 인간인 찰리를 기쁘게 해주었다는 건 어색하기 때문이다. 그보다는 '찰리는 텐트를 몹시 마음에 들어 했다.'던가, '찰리는 텐트 안에 있으면 기분이 좋아졌다' 쯤으로 바꾸는 게 나을 것이다. 이처럼 한국과 영어의 또 다른 뉘앙스 차이는 바로 주어다. 영어에서 주어가 되는 것들이 한국어로 온다면 목적어가 되어야 하는 경우가 많다. 대표적인 게 바로 사역문이다.

그런데 여기서 생각해볼 지점이 있다. 찰리는 텐트 안에 있는 게 그저 기분 좋을 뿐일까? 찰리는 텐트를 단지 물질적인 차원에서 마음에 들어 하는 걸까? 텐트가 찰리를 기분 좋게 해주는 게 아니라, 찰리가 텐트를 좋아한다는 표현이 반드시 더 좋은 표현인 걸까?

위에서 소개한 문장 뒤에 이런 문장이 이어진다.
"얇은 이불자락 사이로 스미는 햇볕의 온기, 찰리의 머리 위로 일렁이는 나무의 그림자, 이들 속에만 있으면 찰리는 나른하고 맘이 놓였다."
우리는 잠시 찰리의 입장이 되어볼 필요가 있다. 찰리는 열병과 그로 인한 뇌손상 이후, 약간의 자폐스펙트럼 증상을 겪고 있다. 감각이 아주 예민하고, 정상인의 속도에 맞춰 빠르게 돌아가는 세상을 어지러워하며, 온갖 소음(아이들

웃는 소리, 경적 소리…)은 찰리를 혼란스럽게 한다. 또 아주 사소한 변화에도 찰리는 잔뜩 불안해진다. 그래서 익숙한 잠옷 셔츠에서 단추 하나가 빠지는 일에 찰리는 새벽까지 잠을 지샌다. 이처럼 아주 작은 자극과, 변화에도 찰리의 일상은 긴장으로 가득차고, 그에 쏟는 에너지도 상당할 것이다. 그렇지만 그런 찰리가 세상을 인지하는 방식을 이해해줄 사람은 너무나 적다.

 이처럼 횡횡 날쌔게 돌아가는 회전문 한 가운데 홀로 갇혀 있는 듯한 삶을 살아가는 찰리에게, 그저 따뜻하고, 평화롭고, 규칙적으로 천천히 움직이는 나무 그림자나 구경할 수 있는, 외부의 소음은 천 한 자락으로 차단된 그 혼자만의 공간은 얼마나 편안한 공간이겠는가? 이불로 만든 텐트는 마치 찰리에게 포근한 품, 커다란 애착 인형과도 같은 것이며, 겁이 나서 달려가면 언제나 그를 꼭 '안아주는' 존재와 같은 것이다.

 나도 비슷한 경험이 있다. 어릴 적 식탁 의자 두 개를 빼다가 양 옆에 기둥처럼 새우고, 의자 등받이에 내가 아기 때부터 덮던 이불을 지붕처럼 덮어서 집을 만들곤 했다. 그리고 그 '집'에 내가 아끼는 장난감들을 다 끌고 와서 몇 시간이고 놀았다. 그곳은 나만의 성이었고, 나는 무시무시한 귀신이 쳐들어와도 그 텐트가 날 지켜줄 거라고 믿었다. '집' 밑에 있으면 이불이 천장에 있는 빛을 막아 안은 제법 어둑했지만, 이불에 난 바늘구멍 사이로 빛이 새어 들며 만드는 오묘한 색감이 예뻤고, 굴 같은 그 이불 속이 너무나 편안했다. 아기들은 엄마의 자궁을 기억해서, 본능적으로 책상 밑이나 옷장 안 같은 곳을 좋아한다고 한다. 나도 아마 그런 것이었겠지. 어쨌든 나는 아직도 내가 이불로 만든 집이 내게 주었던 안정감, 이불이 나를 달래주었던 순간을 똑똑히 기억한다.

그런 기억을 갖고 있는 나로서는 비록 우리말로는 "찰리는 그 텐트가 아주 좋았다."라고 하는 게 맞을지라도, 찰리의 입장에서라면 "텐트가" "찰리를" 기분 좋게 "만들어준다"는 표현이 맞다는 생각이 들었다. 텐트는 찰리를 달래주고 안아주는 품과 같은 것이니까. 겁먹은 채 구석에 숨은 찰리에게 먼저 다가와 그를 안아주는 그런 존재니까. 찰리가 먼저 텐트를 좋아해준 게 아니라, 마치 든든한 친구처럼 찰리가 힘들고 무서울 때마다 텐트가 손을 내밀어주는 것이다.
하지만 "찰리는 그 텐트가 아주 좋았다.", "찰리는 텐트 안에 있으면 기분이 좋아졌다" 등의 말로는, 찰리의 눈에 보이는 텐트, 포근한 품과 자신을 감싸 안아줄 두 팔을 지닌 듯한 텐트의 모습이 살아나지가 않는다. 그래서 나는 고민 끝에, "텐트는 찰리를 달래주었다."는 것으로 문장을 다시 고쳤다.

어법상으로 '좋은' 번역을 하는 것과, 그 캐릭터를 이해해보려 노력하는 '좋은' 번역을 하는 것, 둘 중에 무엇을 택해야 옳은 것인지 나는 아직도 확신할 수 없다. 확실한 것은 한 가지, 만약 후자를 선택했다면, 그 선택이 오직 내가 번역본에서 받은 인상, 내가 상상해낸 찰리의 입장 그리고 나의 사적인 경험이 반영된 지극히 이기적인 선택이었다는 비판을 피해가기 힘들다는 점이다.

 하지만 그때의 나에게는 내 번역이 지극히 나쁘고 이기적이라는 사실이 하나도 상관없었다. 또 나는, 지금까지 나열한 무수한 문제점에도 불구하고, 내가 처음 했던 번역이 그저 '나쁜 번역'이라고만은 생각하지 않는다. 물론 악의 덩어리와 같았던 번역본이지만, 순수악까지는 아니라고 조심스레 말하고 싶다.
 왜냐면 그 번역본을 읽히고 싶었던 사람은 오직 나 자신뿐이었고, 그 번역을 통해 표현하고자 했던 모든 감각과 이미지, 감정의 원천도 바로 나 자신이었기 때문이다. SF 영화에서 로봇에서 로봇으로 칩만 옮기면 칩의 원래 주인이 가지고 있던 기억이 그대로 전해지는 것처럼, 나는 번역본을 남겨둠으로써 훗날 그 번역본을 내가 다시 읽었을 때, 내가 그 책을 처음 읽고 느낀 감각, 감정, 감동 그대로를 다시 공유받기를 원했다.

 말하자면 그 첫 번역본이란, 사실 번역본이라기보다는, 표지들을 수집해놓은 앨범 같은 것이었다. 옛날에 수집한 우표를 보고 그 우표를 어디서 샀는지, 그 우표를 사기 위해 돈을 모았던 그 시절의 나는 어땠는지, 우표를 마침내 샀을 때 내 기분은 어떠했는지를 떠올리는 아이처럼. 나의 번역문은 나에게 '번역'서라기보다는, 그 문장과 연결된 나의 기억을 연결시켜주기 위한 그런 스크랩북이었다. 이 한국어 문장, 이 표지(標識)를 봐라. 이 이정표를 보고서 원서의 그 문장을 떠올려라(엉망진창 직역을 해놓았으니, 영어 원문장을 떠올리기에는 아주 편했다). 그리고 그 문장에게서 너가 받았던 감정을 다시금 느껴라. 그 문장을 읽고서 너의 머리를 가득 채웠던 햇빛, 바람, 풀, 아이들이 왕왕되는 소리, 매미 소리, 공기를 다시금 느껴라. 행복해져라. 끊임없이 행복해져라.

 실제로 나는 나의 엉터리 번역문을 뽑아다가 읽고 또 읽었다. 원서 자체가 내용이 많은 편이 아닌 것도 있지만, 책보다 훨씬 큰 A4 사이즈에 번역을 해놓으니, 인쇄한 번역문 뭉치는 초라할 만큼 얇았다. 얇았기에 더더욱 자주 읽었다. 읽다보면 그 표지, 그 문장은 다시금 나를 "백조의 여름"의 세계로 데려갔고, 내 몸 안에 다시금 여름 공기가 가득 찼다.
 운이 좋게도 번역을 시작한 뒤 얼마 지나지 않아 여름방학이 시작되었고, 그해 여름 나는 말 그대로 "백조의 여름"의 세계 속에서 살았다.

범람하는 이미지(1)

두 번째 번역 이후 맞이한 여름방학 동안, "백조의 여름"은 지금까지 10번은 넘게 번역했다는 이야기를 했던가? 그런 만큼 이제는 "백조의 여름"을 읽으면, 다음에 어떤 문장이 나올지, 그리고 그 문장이 한국어로 어떻게 번역될지를 대충 예상할 수 있다.

그럼에도 매번 "다시 번역하자."라고 결심하게 되는 이유는 뭘까?

이 소설의 문학성이 다른 소설보다 월등히 뛰어나서? 애초에 서로 다른 소설 간의 매력을 비교한다는 게 무의미한 일이지만, 굳이 말을 덧붙여보자면 "백조의 여름"은 인류의 기억을 전하는 임무를 수행하게 된 소년의 이야기를 그린

SF 소설 〈기억 전달자〉처럼 소재가 아주 독특하다거나, 〈셜록홈즈〉 같은 추리 소설만큼의 긴장감을 가지고 있다거나 하는 작품은 아니다. 〈해리포터〉 속 주인공들처럼 등장인물들이 특별한 능력을 지닌 건 더더욱 아니다. 그럼 이 이야기가 그리스 신화처럼 아주 장대한 서사시이냐, 하면 그것도 아닌 게, 날짜로 따지고 보면 "백조의 여름"은 고작 이틀간의 이야기를 담고 있다(찰리가 사라진 날과, 찰리를 되찾은 날).

그럼 작가가 유명한가? 일단 분명히 말해둘 수 있는 건, Betsy Byars가 한국에서는 전혀 유명하지 않다는 사실이다. 그녀의 고향인 미국에서 "백조의 여름"이 뉴베리상을 수상하긴 했지만, 그녀의 다른 소설들은 "백조의 여름"만큼 주목받지는 못했다.

이 책의 문학성이 다른 책들보다 월등히 뛰어난 것도 아니고, 주인공이나 작가가 아주 특별한 사람도 아니라면, 도대체 나는 왜 "백조의 여름"에 이토록 빠져들었을까? 10년 동안이나 같은 책을 계속 번역하고, 또 읽어왔음에도 이 책의 무엇이 나를 다시금 번역의 세계로 끌어당길까?
나는 그것이 이 책이 내 안에서 촉발시키는 무수한 '이미지들' 때문이라고 생각한다.

이미지의 범람.

아주 멋진 표현이지만 본질은 나 좋자고 번역한다는 소리다. 번역을 하며 머릿속에 문장이 떠오르듯이, 그 문장이 글고 있는 이미지들도 함께 떠오른다. 그럼 또 머릿속에 그림들이 차고 넘쳐서 참을 수가 없다. 그 고통을 끝내고 싶어서 번역을 하게 되는 것이다.

그런데 이 이미지의 독특한 점은, 마찬가지로 한때 내 머릿속을 채워댔던 문장들과는 달리, 매번 새롭게 만들어진다는 점이다. 내가 옮겨서 쓰는 한국어 문장의 개수는, 원서의 문장의 개수를 넘을 수 없다. 하지만 이미지는 다르다. 시간이 흐를수록 번역가와 함께 시간을 보냈던 활자는 그 모습 그대로 있지만, 그 활자가 토해내는 이미지들은 번역가가 지나온 일수만큼의 이미지를 토해낸다. 어제 읽을 때와 오늘 읽을 때, 1년 전 읽었을 때와 1년 뒤 읽었을 때, 떠오르는 상(像)이 다르다. 내가 나름대로 나이를 먹어가며, 내가 직접 만지고 보고 느낀 것들이 쌓여가면서 떠오르는 이미지들도 꾸준히 변화한다. 미처 보지 못했던 부분을 뒤늦게 읽고 이미지에 대한 정보가 추가되기도 하고, 수정되기도 하며, 어떤 이미지는 더 깊어지는 반면 어떤 이미지는 희미해져버리기도 한다.

문장 속에 섬세하게 표현된 것들을 상상하는 건 정말 즐겁다. 나무 사이로 스미는 빛, 밤에도 빛나는 탐스러운 장미

과거에 번역본으로 만화책을 그려보려고
작업해두었던 콘티들.
지금보다도 못 그리던 시절.

들, 강에서 미끄러지는 백조들. 한 번도 경험해본 적 없지만 그럼에도 항상 경험해왔던 것만 같은, 모든 공감각이 나를 들뜨게 한다.

 하지만 나를 가장 들뜨게 하는 건 묘사되지 않은, 온전히 나의 상상에 맡겨진 부분들이다. 사라네 집은 어떻게 생겼을까? 이 장면에서 사라네 집에 햇빛은 얼마나 들어왔을까? 사라네 숲에서는 어떤 소리가 날까? 나무들은 어떤 모습일까? 작가가 남겨놓은 창작의 빈 공간들은 수없는 이미지를 토해낸다. 문장에 구속되지 않는 이 이미지들은 나에게 엄청난 자율성을 부여한다. 때문에 나는 아무리 자주 책을 읽더라도 결코 똑같아질 수 없는 세계로 발을 디딘다.

 이렇듯 정말 좋아하는 소설들을 읽었을 때는, 문장 하나하나마다 대응되는 상황, 인물, 배경이 모여 한 장의 이미지가 만들어진다. 그건 촘촘히 짜인 직물과 같아서, 뇌는 나로 하여금 얼른 자신이 실로 엮어 만들어낸 작품을 간직하라고 명령한다. 이때 내가 떠올리는 이미지는 단순히 어떤 인물과 인물이 서있다 정도가 아니다. 마치 영화를 기획하는 감독이 스토리보드를 만드는 순간처럼, 내 머릿속에는 이 장면은 이렇게 '연출'되어야만 한다는 생각이 마구 떠오른다.

 예를 들면 이런 식이다. 사라와 조가 길거리에 서서 실랑이를 하다가, 사라의 말실수로 인해 정적이 흐르는 그 순간이 있다. 이때 책을 관조하고 있던 나의 시선은 한 대의 카메라가 되어, 이 장면에서는 카메라 앵글이 어떤 식으로 배치되어야할 것인가를 결정한다. 나의 선택은, 하늘쪽에서 땅을 내려다보듯, 위쪽에서 인물들을 비추는 광각이다. 이 장면에서의 장면 각도는 항상 이런 식으로 떠올렸다. 조와 사라를 비스듬히 내려다보고, 사라는 뒷모습만, 조는 코와 얼굴이 아주 조금 비칠 정도의 각도. 여름날 정오인 만큼 해는 쨍하니 내리쬔다. 나무 그늘에 차마 제 몸을 숨기지 못한 흙바닥이 빛을 받아 선명하다. 그리고 조의 머리 위로 가지를 뻗은 나무가 여름바람에 흔들린다. 나뭇잎들이 잘게 맞부딪히며 파도 소리를 낸다. 쏴아- 그 소리가 사라와 조 사이를 메운다. 할 말을 잃은 조가 운동화 끝으로 애꿎은 흙만 파대고, 그 모래 긁히는 소리도 바람 사이로 섞여 들어갈 것이다.

  이처럼 나에게 "백조의 여름"을 번역하는 과정은 머릿속으로 한 편의 영화를 찍는 과정과 비슷하다. 말하자면 번역은 리모콘 같은 거다. 리모콘을 누르면 TV가 켜지고 애니메이션을 볼 수 있듯이, 번역을 시작하면 내가 직접 만든 애니메이션을 볼 수 있다. 물론 번역을 멈추면 애니메이션도 멈추고 TV가 꺼진다. 결국 애니메이션의 끝을 보려면, 번역을 끝까지 해야 한다. 때문에 아무리 같은 책을 거듭 번역해도 결코 지루할 수 없다.

한편으로 내 안에 살아 움직이는 서사가 있다는 건, 필연적으로 그것을 세상에 꺼내 보이고 싶고, 눈앞에 아른거리는 그 상(像)들을 실물로 구현하고 싶다는 열망을 만들어낸다.

그래서일까. 중학교 때 이미 한 번 "백조의 여름"으로 아주 짧은 애니메이션을 혼자 만들었다. 길게 만들지는 못하고, 처음 백조들이 지나가는 하늘에서부터, 사라의 집을 하늘에서 내려다보면서 연출하고, 이후 앞뜰에 햇빛을 받으며 앉아있는 찰리를 조명하는 것으로 끝났다. 당시 포토샵 프로그램에는 (이름은 기억이 안 나지만) 플래시 프로그램이 연동되어 있어서, 포토샵에서 그림 여러 장을 작업한 뒤 작업물 그대로를 플래시 프로그램에 넘길 수 있었다. 그럼 플래시 프로그램에서 옮겨온 그림들을 겹쳐 빠르게 넘어가도록 하면 애니메이션이 간단하게 완성된다. 혹시 메모장 귀퉁이 같은 위치에 연속적인 그림들을 그리고, 메모장을 빠르게 넘겨본 적이 있는가? 플래시 프로그램으로 만든 애니메이션도 그것과 같은 원리로 만들어졌다.

대학생이 되어서도 "백조의 여름"을 '연출'해보려는 시도를 다시 했었다. 품이 많이 드는 애니메이션이 아니라, 만화 작업을 시도했었는데 그것조차도 많은 시간과 노동이 필요했기에 결국 중간에 그만두고 말았다. 그 점은 두고두고 아쉽다. "백조의 여름"과 관련하여 남은 목표 중 하나가 작품의 '이미지화' 작업을 끝마치는 것이다.

이토록 내가 지니고 있는 이미지가 강렬했으니, 더더욱 원어가 주는 어감과 묘사, 형식을 그대로 보존하려고 이상한 직역을 해댄 것일지도 모르겠다. 내가 설정한 인물과 공간은 절대적으로 원서가 품고 있는 감각과 스타일에 의존하고 있었고, 그것들을 한국어로도 '똑같이' 구현해내야만 내 번역을 읽을 관객들도 내가 떠올린 이미지들을 '똑같이' 떠올릴 수 있을 것이라 생각했다. 모든 이들이 나와 같은 이미지를 떠오르길 원한다니, 지금 생각하면 참 오만하기 짝이 없었다. 그래도 그런 부족한 번역이, 당시의 내 마음에 각인을 새기는 방식이었다고 생각하면, 용서의 여지가 생긴다.

범람하는 이미지(2)

　　　　　　이 단락에서는 보다 구체적으로, "백조의 여름"을 번역할 때 책 속의 여러 공간적 배경과 계절감을 어떤 식으로 상상하고, 그것을 어떻게 번역에 반영하고자 했는지를 이야기해보려고 한다. 글과 함께 있는 일러스트들은 옛날에 번역을 하며 그려두었던 것들과, 이번에 에세이를 작업하며 새로이 그린 것들이 함께 있다. 10번 가량의 번역 과정에서 인물 및 배경의 어떤 부분은 유지되고, 어떤 부분은 변했는지를 파악하는 것도 꽤나 재미날 것이라 생각한다.

§

　"백조의 여름"은 '여름'이라는 계절 자체가 소설의 주요한

텐트 속의 찰리

배경으로 제시되는 만큼, 여름 특유의 계절감에 대한 묘사가 탁월하다. 그리고 그 계절감이 사라가 속한 공간들에 잘 어우러진다. 길게 설명하지 않는데도 표현 하나하나가 절묘해서 머릿속에 금방 그림이 그려질 정도다. 그리고 이렇게 연상된 이미지는 번역을 할 때에도 도움이 된다. 한국어와 완전히 대응되지 않는 영어의 동사, 형용사 표현에 대해 어떤 어휘를 선택할지 비교적 쉽게 떠오르기 때문이다. 가장 대표적인 예가 위에서도 소개한 적 있는 앞뜰 텐트 장면이다.

> "사라는 앉아서 찰리를 가만히 지켜보았다. 찰리는 구부정한 자세로 텐트 속에 앉아 있었다. 해가 찰리의 뒤편에 있어 그림자가 이불에 비쳤다. 찰리는 아주 조심스럽게, 제 입으로 (땅에 떨어뜨렸던) 사탕을 다시 가져갔다. (13p)"

해가 지기 시작한 여름 오후다. 해가 찰리 뒤편에 있을 수 있을 정도로 낮아졌고, 여름이니 오후라도 여전히 무덥지만 한낮의 분주함이 사라져 어딘가 적막하다. 그런 무거운 여름 공기 속에 사라는 별 달리 할 게 없어 멍하니 찰리나 구경하고 있다. 제 동생이 텐트 속에 쏙 들어가, 땅에 흘렸던 사탕을 다시 입에 집어넣는 것까지 보고 있을 정도로 한가한 누나의 뒷모습. 이것만큼 무료한 여름 오후를 잘 드러내는 게 또 있을까. 텐트에 생긴 찰리의 그림자는 낮의 푸른 그림자와 달리 이제 거뭇할 터이고, 찰리를 피해 반대쪽 천 자락까지 도달한 햇빛들은 이불을 눈부시게 빛내주고 있을 것이다. 이제 노을이 져야하니 텐트는 물론 앞뜰을 채운 햇빛은 밝은 주황색을 띠고 있겠지. 아직 아주 늦은 시간은 아닌 만큼, 짙은 파란 하늘 끝자락만 주황색 물감이 번져 있을 것이다.

> "(앞뜰 나무에 이불을 걸쳐 만든) 텐트는 찰리의 마음을 항상 달래주었다. 얇은 천 자락에 스며드는 햇볕의 온기, 누워있는 찰리의 머리 위로 일렁이는 나무의 그림자. 이 안에만 있으면 나른하니 잠이 몰려왔다. (13p)"

찰리가 제 방에서 힘겹게 끌고 나온 여름 이불은 햇빛을 받아 노릇노릇 익는다. 나무 그람자가 찰리에게 손 흔들 듯 머리 위로 일렁인다. 나무가 우거진 계절이다. 찰리가 이불에 누워있는 시간은 보통 낮이니, 그 나무의 그림자가 검은 빛은 아닐 것이고, 끝이 살짝 새파란 여름 특유의 푸른 그림자겠지. 여름 이불인 만큼 겨울 이불보다도 바늘구멍들이 더 잘 보이고 그럼 텐트 안에 누워서 이불을 올려다보는 찰리의 눈에, 그 이불은 어떻게 보일까? 혹시 병아리들의 부화 장면을 본 적 있다면, 병아리들이 얼마나 자랐나 확인할 때 그 얇은 달걀 껍질 사이로 백열등을 쬐는 장면도 알 것이다. 그것처럼, 찰리에게는 어찌 보면 새로운 자궁 같은 얇은 피막 사이로 햇빛이 스며들어, 이불에게서 한 번도 본 적 없는 투명한 빛깔을 만들어낼 것이다. 아주 아름다운 풍경이다.

 이렇게 이미지를 떠올리다보면, 원서 표현에서 나온 "움직이는 나무 그림자the shadows of trees moving over his head", "찰리의 기분이 comfortable편안하다"는 표현을 어떻게 좀 더 자연스럽게 고칠 수 있을지 답을 간편하게 얻을 수 있다. 내게 생각나는 이미지를 옮기면 되기 때문이다. '일렁이다', '나른하다'라는 표현도 내가 떠올렸던 이미지들에게서 힌트를 얻었다.

 사라네 앞뜰을 얘기했으니, 사라의 집에 대해서도 살펴볼 필요는 있을 것 같다. 사라의 집 근처로는 역시나 이웃집들이 이어져 있고, 책의 설명에 따르면 언덕을 따라 밑으로 내려가면 테넨츠 네와 같은 윌리 고모의 친구들 집이 나온다.
 집 구조는 2층이 있는지는 확실하지 않고, 1층에 사라와 완다가 같이 쓰는 방 하나, 찰리 방 하나, 그리고 윌리 고모가 있는 안방이 있다. 사라가 쓰는 방에서 양측 방 소리 모두를 잘 들을 수 있으니, 아마 중간에 낀 방일 것 같다. 찰리네 방에서는 창문 밖으로 덤불이 보인다고 했으니, 찰리방 창가 가까이 풀이 우거진 모습이리라. 사라 방을 나오면 거실과 부엌, 그리고 화장실이 있다. 부엌은 앞뜰 베란다문과 연결되어 있고 그 앞뜰에 사라네 집 울타리쪽 대문이 연결되어 있다.

 물론 번역을 하면서 이렇게 집 구조도까지 그릴 필요는 없지만, 그래도 집 구조가 머릿속에 있으면 번역을 할 때 집안에서 일어나는 장면들을 상상하기가 더 쉬워진다. 부엌에서 완다와 윌리 고모가 말다툼을 할 때, 노을빛이 얼마나 들어왔을까? 찰리가 사라진 아침 사라와 윌리 고모는 거실에서 어떻게 행동했을까? 윌리 고모가 경찰에 찰리가 사라졌다는 걸 제보하기 위해 집어들었던 전화기는 거실의 어느 쪽에 배치되어 있을까? 하는 질문들. 상상하기 쉬워지면 번역을 할 때 내가 적는 번역물에 좀 더 생명이 실린다.

> "대부분 집들은 꼭 위협을 피해 옹기종기 모여 웅크린 것처럼 다닥다닥 붙어 있었다. 양쪽 길에는 장미가 줄지어 피어 있는데, 지금은 이른 저녁 그림자에 가려 거뭇하게 보였다. 마을 언덕들은 모두 우거진 나무로 덮여 족히 100년은 되어 보이는 모습이었다. 하지만 딱 한 곳, 폐광이 있는 북쪽 언덕만은 예외였다. 나무와 땅이 뭉툭하게 깎여 인위적인 절벽과, 창백하게 벗겨진 땅만 남았다.(22p)"

 내가 느꼈던 사라네 마을의 전반적인 분위기는 쓸쓸함이 뒤섞인 평화로움이다. 한때 활발했을 석탄 산업은 산업화와 함께 휩쓸려갔고, 광산들은 흉물이 되어 덩그러니 남았다.

역사 근처 마을처럼 아주 생동감 넘치거나, 사람들이 자주 오가는 왁자한 마을은 아니다. 사라도 모든 것에 싫증을 느끼기 이전까진 여름 방학마다 메리와 함께 마을에서 이것저것 하며 보냈는데, 그마저도 읍내 상점에 가본다거나 옆집 아이를 봐준다거나 하는 정도의 조촐한 일들이다. 즉 휘황찬란한 유흥 시설들이 많은 곳도 아니라는 소리다. 추위를 피해 몸을 웅크리고 모여 있는 새끼 펭귄들처럼, 집들도 다닥다닥 붙어있다는 걸 보면, 제 뜰 자랑하기 바쁜 부자 마을과 달리 아주 부유한 곳도 아닐 것이다.

하지만 그런만큼 마을 사람들은 서로 알고 지내고, 찰리에게 가끔 "몇 시니?"라며 말을 붙이거나, 그 아이가 실종되자 힘을 합쳐 수색대를 꾸릴 만큼 인정 넘치는 곳이기도 하다. 여름이 되면 길 양쪽에 장미들이 흐드러지게 피고, 해가 질 때면 그 고고한 붉은 색도 어둑해져 마치 피 뭉친 덩어리처럼 검붉게 변한다. 그 풍성한 한 송이 송이들이 얼마나 예쁠까.

> "부드러운 어둠이 깔려 있다. 어둠이 드리우면 찰리를 괴롭히는 것들, 이를 테면 씽씽 달리는 자전거, 요란한 고함소리, 잔디 깎는 기계, 짖어대는 개들, 소리 지르는 아이들은 사라지고 없었다. 대신 그 자리엔 고요하게 빛나는 달빛만이 내려앉는다.(37p)"

찰리가 백조를 봤다고 착각해 집을 나온 게 한 시 언저리. 사람 한 명 없는 텅 빈 길은 숨죽인 듯 고요하다. 가로등도, 술 취해 행패부리는 행인도 없고 정말 절대적 고요만이 자리하고, 달만이 어둠을 밝힌다.

혹시 여름밤을 제대로 느껴본 적이 있는가? 여름밤의 분위기를 만드는 결정적인 요소는 바로 소리다. 낮에 사람들을 괴롭히던 더위도 사라지고 그렇게 밤이 되면, 나무 그림자에 가려졌던 땅들이 서늘하게 식는다. 그 기압차 사이를 여름 공기가 우아하게 부유하기 시작한다. 밤의 공기는, 공중을 마구 뛰어다니며 사람들에게 부딪히는 듯 요란한 낮의 공기와 달라서, 낮게 몸을 숙이고 바닥을 훑는다. 아무리 멀리서 나는 소리라도 낮에는 뭐랄까, 소리 자체가 꽉 차서 내 귀에 닿는다. 하지만 여름밤은 다르다. 저 멀리 아득히 고속도로 긁는 차 바퀴소리는 공중으로 흩어져버리고, 아주 희미한 무언가만이 나에게 도착한다. 바람이 고개를 숙여 비어버린 공중을 알 수 없는 부유감이 채우게 되는 것이다. 여름 공기에는, 비행기를 탔을 때 나는 그 특유의 먹먹한 공기 소리처럼, 분명 바람은 불지 않는데도 대기가 은밀히 이동하며 만들어내는 밀도가 있다. 그 밀도가, 낮이라면 분명 크게 들렸을 소리들을 모두 집어 삼켜 버린다. 찰리가 아무도 없는 여름밤, 홀로 대문을 나와 느꼈을 그 먹먹한 대기, 밀도에 떠밀려 부서지는 소리, 바닥을 쓸며 제 발까지 스쳐가는 서늘한 여름 바람을 느꼈다고 생각해보라. 거기에 밀려

드는 꽃향기까지. 여름밤은 차분함으로 사람을 도리어 들뜨게 하는 묘한 힘이 있다. 이 장미 장면은 내가 책에서 여름과 관련하여 가장 좋아하는 부분 중 하나이다.

사라, 찰리, 장미

하지만 여름밤은 그래서 동시에 무서운 시간이기도 하다. 내가 어떤 변을 당해도 여전히 꽃은 아름답게 흐드러져 있고, 설령 내가 소리를 지르더라도 나의 비명조차 이 밤이 삼켜버릴 테니까. 적이 다가와도 여름바람에 나무 흔들리는 쏴- 소리면 제대로 분간조차 할 수 없다. 찰리가 맨 처음 집을 나서며 느꼈을 여름밤의 감각을 상상해보는 건 그래서 중요하다. 이후 찰리가 집에서 멀어지고 길을 잃으면서 느꼈을 공포감, 마냥 아름다운 것만 같았던 여름밤에 대한 배신감을 함께 느낄 때, 전개에 몰입하기가 쉬워지고 번역할 때 내가 전달할 수 있는 긴박함도 배가되기 때문이다.

길을 헤매던 찰리는 결국 숲 깊이까지 들어가버린다

> "나무 사이에 있으니 잠깐이나마 기분이 나아졌다. 나뭇잎 사이로 새어 들어오는 달빛과, 나뭇가지 사이로 스치는 바람 소리가 찰리를 조금이나마 진정시켜주었다. 하지만 숲 깊이, 더 깊이 들어갈수록, 찰리는 점점 더 불안해졌다. 찰리가 알지 못하는 것 투성이였다. 낯선 냄새, 전에 한 번도 들어본 적 없는 낯선 소리. 찰리는 걸음을 멈췄다. (40p)"

여름밤의 숲도, 앞만 제대로 보인다면, 정말 아름다울 수 있는 장소다. 사라네 마을처럼 마을사람들 서로가 서로를 잘 알고 있고, 딱히 험악한 사람도 살지 않는 동네에서는 오히려 운치일 수도 있다. 나무가 흔들리는 소리는, 특히나 찰리가 텐트에서도 들으며 마음을 달래곤 하는 소리이지 않은가.

하지만 낮의 산들바람과, 여름밤 서늘한 바람이 만들어내는 소리는 사뭇 다르다. 같은 소리라도 낮과 밤에 의한 차이가 의도적으로 대조되면서, 찰리가 느끼는 당혹감이 독자들에게 전해진다. 번역을 할 때에도 이런 감각의 차이를 전달해보려 애썼다.

범람하는 이미지(3)

책의 장면마다 내가 생각하는 이미지가 있는 만큼, 인물에 대한 나의 설정 역시 꽤나 구체적인 편이다. 작가가 나에게 동의해 줄지는 모르겠지만, 어쨌든 나는 번역을 하는 과정에서 내가 구상한 인물 설정을 항상 염두에 두고 작업한다. 이때 인물을 설정하는 과정은 연극 시작 전 배우들이 자신이 맡은 캐릭터를 분석해오는 것과 비슷하다.

대학에 와서 우연히 연극 수업을 듣게 되었을 때, 수업을 같이 듣던 분 중 정말 연극을 진지한 진로로 선택하신 분이 계셨다. 정말 멋있다고 느꼈는데, 그분의 말에 따르면 원래 연극을 준비하는 배우들은 대본을 외우는 것이 아니라, 캐릭터 분석부터 시작한다고 한다.

그런데 이 캐릭터 분석이라는 것이 정말 흥미로웠다. 배우들은 직접적으로 대본에 적혀 있거나, 대략 추측할 수 있는 캐릭터 설정들만을 확인하는 게 아니다. 맡은 캐릭터를 분석해오라는 과제를 받은 배우들은 자기 나름대로 해석한 캐릭터의 성별, 생김새, 버릇, 나이, 살면서 겪은 사건, 주변인과의 관계성, 사는 지역, 취미 등등을 '상상해온다'. 대본에 인물의 어린 시절이 나와 있지 않더라도, '이 인물은 어린 시절 이러한 일을 겪었을 것 같다'까지도 스스로 생각해오는 것이다.

극에 드러나는 인물의 시간은, 그 인물의 인생 전체에서 봤을 때 극히 일부이다. 그 찰나의 시간을 완벽하게 연기하기 위해, 극에는 등장하지도 않을, 인물의 무수히 긴 역사를 처음부터 다시 재건하며 캐릭터를 구축한다는 건 정말 경이로운 일이다. 그건 마치 오랜 시간이 흐른 뒤, 아주 중요한 인간을 되살리기 위해서 과학자들이 그 인물에 대한 유일한 자료인 '대본'을 가지고 인물의 생애를 추정하는 것과도 같다.

이처럼 캐릭터 설정이란, 가상의 인물이라 하더라도 한 인간의 생애에 대해 진지하게 생각하고, 그 인물에게 진심으로 관심을 기울여보는 작업에 가깝다. 창작자로서의 연극인들은 단지 대본에 납작하게 붙어있는 인물을 단순히 재현하기만 하는 게 아니라, 직접 소설을 쓰듯 한 인간을 새로이 창조한다.

내가 했던 캐릭터 설정이 연극인들의 캐릭터 설정만큼 대단하다거나 체계적이지는 않다. 우선 제한된 시간대를 다루는 연극과 달리 소설은 훨씬 시공간을 오가기가 편리하고, 때문에 연극인들이 완전히 무에서 유를 '창조해내야 하는' 인물의 어린 시절이 소설에서는 어느 정도 설명되어 있다. 그럼에도 나는 나의 번역이 연극에서의 캐릭터 설정 과정과 비슷하다고 생각한다. 오로지 나의 상상과 해석에 의해 만들어지는 생(生)의 영역이 존재하기 때문이다.

우선 외형부터 시작한다. 사라의 머리칼은 찰리와 같이 갈색이라고 했는데, 그럼 어느 정도의 갈색일까? 붉은 빛이 많이 돌까? 아니면 호박색에 가까운 맑은 갈색일까? 옷은 어떤 걸 입을까? 사라는 원래는 아버지 옷을 대충 걸어서 잠옷으로 입고, 운동화도 오렌지색 운동화를 신는 등 그렇게 패션에 품을 들이지 않았었다. 그러다가 사춘기가 되어 부쩍 원피스 등 패션에 대한 관심이 많아졌다. 하지만 가족 중에는 사라와 함께 이런저런 옷 이야기를 하며, 사라와 함께 옷을 골라줄 수 있는 사람도 없다. 이 모든 것을 고려한다면, 사라의 패션은 아주 세련된 형태는 아닐 것이다. 평소에 운동화를 신는다고 했으니, 옷차림을 상상해본다면 대충 청바지에, 평범한 셔츠 차림 정도가 아닐까?

이번엔 사라의 어린 시절을 상상해본다. 이야기 중에서 사라가 자신의 가족 앨범을 떠올리는 장면이 있다. 찰리가 태어나고 엄마가 죽기 전, 마냥 행복했던 가족사진. 사라는 사진 속에서 행복하게 웃고 있다. 그렇다고 해서 사라가 어릴 때 '활발한' 아이였을 거란 보장은 없다. 그래도 지금보다는 밝은 성격이었겠지. 엄마가 죽기 전까지는 쾌활했던 아빠와도 해복하게 지냈을 것이다. 하지만 '그 황금 같던 시절은 너무도 빨리 끝나고 만다'. 찰리가 열병을 앓고, 이후 엄마가 죽었다. 아빠는 엄마의 죽음을 극복하지 못했고 버지니아를 떠났다. 집 전체에 슬픔이 내려앉고, 어린 사라와 완다, 웃지 않는 찰리, 그리고 윌리 고모만이 덩그러니 집에 남았다. 정상 가족의 형태를 벗어난다고 모든 가정이 불행하다는 건 편견이다. 다만 책 속에서 사라는 가족의 부재로 인해 슬픔과 혼란을 겪고 있기 때문에, 사라의 유년을 상상함에 있어 가족의 변화를 고려해야만 했다. 나이 차가 꽤 나는 언니와 달리 아직 어린 사라는 대체 왜 아빠가 자신들을 버리고 떠난 것인지 이해할 수 없었을 것이다. 책 중간중간 나오는 사라의 어딘가 어두운 면들도 이 시절의 영향에서 자유롭지는 않을 것이다.

  이처럼 책에 나오는 단서들을 조합해 만들어낸 인물들의 외형, 서사, 성격, 유년기 등은 그 캐릭터에 대한 나만의 해석을 구성한다. 그리고 이 해석은 다시 내가 각 인물의 행동을 번역할 때 영향을 미친다.
  지금부터는 내가 생각해두었던 각 인물들의 설정을 보다 자세히 소개하고자 한다.

사라 갓프리
Sara godfrey

주황색 운동화를 파란색으로
염색해보려 했지만
색이 섞여 썩은 자두색이
되고만다.

사라의 티셔츠색이자
테마색인 하늘색과
머리색

사라는 티셔츠로
"주립감옥 소유"이라 쓰인
죄수복을입고 있다.
완다가 바다에 놀러갔을 때
사라에게 사다 줬다.

§

  사라. 사라 갓프리.

  "백조의 여름" 전체 서사를 이끌어가는 인물이 사라인 만큼, 사라를 어떻게 이해하느냐에 따라 번역의 방향이 많이 달라진다.

  사라의 외적인 모습을 상상하는 것은 그렇게 어렵지 않았다. 14살 소녀에, '갈색 머리칼에 주근깨, 끝이 둥근 코에 달걀형 얼굴', '깡마른 다리와 큰 발'이라는 꽤 세밀한 외형 묘사가 이미 책에 등장하기 때문이다.

  하지만 인물의 본질이라 할 수 있을 성격에 대한 정보는 책 속에 직접적으로 등장하지 않는다. 그보다 잔가지로 등장하는 사라의 여러 일화들을 통해 간접적으로 성격을 유추해내야 한다. 사라가 어떤 상황에 어떻게 반응하는지, 마음 속으론 어떤 생각을 가지고 있는지, 어떤 사람에 대해서는 어떤 평가를 내리는지를 낱낱이 파악해야 비로소 사라의 성격을 이해할 수 있다.
  이것은 Betsy Byars의 글쓰기 특징이기도 하다. 마치 작가가 인물에 대한 퍼즐 조각들을 구석구석에 던져 놓으면, 독자는 그 퍼즐들을 다 모아 합쳐봐야지만 전체 그림을 볼 수 있는 것과도 같다. 그래서 그녀의 글을 읽다보면 종종 옆

길로 세는 듯한 느낌을 받을 수도 있다.

 책에서 사라라는 인물을 규정하는 가장 핵심적인 단어는 '사춘기'이다. 앞선 줄거리 소개에서는 주로 찰리를 찾아가는 과정을 소개했었는데, 그 이야기와 함께 이야기의 핵심 축이 되는 것이 바로 사라의 사춘기이기 때문이다. 사라가 사춘기의 혼란과 불안함을 이겨내고 내적 성장을 이루는 과정은 '성장'이라는 책의 주제의식과 관통된다.

 사라의 사춘기는 자기 자신에 대한 불만, 즉 열등감의 형태로 시작됐다. 사라는 자기 자신에 대해 다음과 같이 말한다:
 "우리 학교에 그런 여자애들이 있어. 열 명도 넘는 아이들이 먼저 다가와 파티에 초대하고, 복도만 지나가도 모두가 뒤돌아보는 그런 소위 '모델 같고', '옷도 끝내주고', '잘 나가는 애들'. 근데 나는 그다지 사교적이지도 않고, 인기도 없고, 덩치도 크고, 특출 나게 잘 하는 것도 없어. 난 아무것도 아니야."

 개인적으로는 이런 외모에 대한 고민이 그저 청소년기에 "자연스럽게" 생성되는 것이라고 말하고 싶지는 않다. 외모 평가가 너무 만연한 사회에서 "예뻐지고 싶다"는 욕구는 자연적 생성물이라기보다는 구성되는 것에 가깝기 때문이다. 특히 사라가 자신의 큰 덩치나, "남자애들만큼 큰 발"에 대해 콤플렉스를 가지고 있고, 이에 대해 불만을 표하면서 자신이 봤던 영화를 예로 드는 장면은 정말 가슴이 아팠다:

"가상의 왕국이 존재하는 모험물들이 있지. 근데 아무리 이상한 왕국이어도, 여자들은 죄다 몸도 작고 몸매도 좋고 예뻐."

사라가 살아가는 배경 속에서, 매체에서 그려지는 여성의 몸이 얼마나 상상력을 결여한 것인지 사라의 말을 읽고서 알 수 있었다. 구현되기 어려운 비현실적인 여성의 신체를 자신의 신체와 끊임없이 비교하면서 자신감을 잃어가는 사라에게 너의 몸이 잘못된 게 아니라고 정말 말해주고 싶었다.

다만 나는 사라의 욕구가 단지 '예뻐지고 싶다'는 욕구에 한정된다고는 생각하지 않았다. 어쩌면 '예뻐지고 싶다'는 마음보다도, '예뻐지고 싶다'는 말로 대표되는, 사춘기를 맞이했고 이제 어린 티를 벗기 시작한 나이가 된 만큼 자신도 그에 맞춰 '변화하고 싶다'는 욕구가 더 크다고 생각되었다. 쉽게 말하면 이전까지 입던, '어린애들이나 입는' 옷은 이제 버리고 싶어 하는 마음 아닐까?

사라의 마음이 그러할 지도 모른다고 느꼈던 건, 사라와 윌리 고모 사이에 있었던 한 일화를 읽고 나서였다. 하루는 사라가 옷가게에 갔다가, 아주 예쁜 줄무늬 원피스를 발견한다. 그래서 윌리 고모에게 그 원피스를 사달라고 오랫동안 졸랐다. 결국 윌리 고모가 사라와 함께 원피스를 사러 갔지만, 가격을 보고는 "원피스에 무슨 저런 돈을 쓰니. 내가 똑같은 걸 만들어 줄 수 있다!"라며 말을 바꿔 버린다. 당연히 윌리 고모가 만든 원피스는 엉망이었다. 사라가 느낀 실망감은 이루 말할 수 없다.

또 다른 일화는, 사라가 자신의 주황색 운동화를 파란색으로 염색하려 한 일이다. 하지만 결국 파란 염색약이 원래 운동화색과 섞여 썩은 자두색 운동화가 탄생하고 만다.

나도 비슷한 경험이 있다. 중학교 때까지는 엄마가 사주는 옷을 그냥 입고 다녔다. 그러다 고등학생이 되면서 점점 나에게 맞는 옷을 직접 사보고, 이런 저런 옷들을 시도해보고 싶어졌다. 그래서 괜히 이미 있는 옷에 장식을 달아보거나, 이리 저리 옷을 조합해보거나 하곤 했다. 그런데 직접 사지는 못하고, 애써 혼자 해보지만, 손재주가 아주 좋지 않은 이상 결과물은 더더욱 참담해서, 이전보다 더 큰 절망감을 선사할 뿐이다.

그럼에도 가방을 새로 사달라는 말은 입밖으로 나오지가 않았다. 집에서 그런 꾸미기나 미적인 것에 관심이 있는 사람이 나밖에 없었기 때문에, 나의 욕망을 전하기 위해서는 내가 먼저 말을 해야만 했다. 왜인지는 모르겠는데, 내가 이제 외적인 걸 꾸미려고 하고, 옷 따위를 신경 쓰는 사람이 되었다는 것을 스스로 말하기가 몹시 창피하고 부끄러웠다. 그래서 내가 말하기 전에 누가 먼저 알아봐 주었으면 좋겠다고 생각했었다. 그러니까 나는, 내가 잘 못 꾸미는 사람이라는 사실보다도, 내가 '꾸미고 싶어 하는', '외적으로 잘 보이고 싶어 하는' 사람이 되었다는 사실 자체가 부끄러웠다. 마음 깊이 있는 욕망을 들킨 기분이랄까?

그래서 "예뻐지고 싶어하는 사라"를 보면서, 외모에 대한 욕망을 만들어내는 사회적인 문제들은 함께 고민해볼 필요가 있다고 생각되면서도, 동시에 이 가꾸고자 하는 욕망 자체를 부정하지만은 않고, 성장 과정에서 자기 내면의 새로운 욕망을 발견하게 되는 십대들이 어떻게 그 욕망을 부끄러워하지 않고 자연스럽게 받아들일 수 있을까, 하는 고민도 들었다.

내 눈엔 사라가 정말 외로워 보였고, 내 눈엔 사라가 자신의 변화를 터넣고 공유할 수 있는 존재가 너무 필요해 보였다. 자기가 먼저 원피스 사달라고 조르기 전에, 자신의 변화하는 욕망을 알아봐줄 수 있는 존재를 사라 역시 원하지 않았을까. 이리저리 혼자 잘 꾸밀 줄도 알고, 엄마가 머리 펌도 해주는 친구 메리처럼 말이다.
 하지만 사라는 자신의 이러한 마음과 몸의 변화를 누군가와 공유하기가 상당히 어려운 환경이다. 엄마는 돌아가셨고, 아빠는 사라네 가족과 멀리 떨어져 다른 주(州)에서 홀로 돈을 벌고 있으니, 부모님에게 말할 수는 없다. 또 언니 완다와는 나이 차이가 많이 나고, 완다는 자기 자신의 외모에 별 다른 고민 없이 컸었기 때문에 언니와 공감대를 형성하기가 어렵다. 사라네 가족을 돌봐주는 윌리 고모는 성격는 깐깐하고 고지식하며, 퍽 하면 "예쁜 게 다가 아니다." 같은 잔소리나 퍼붓는다.

  요약하자면, 십대로서 가지는 여러 결핍감과 외모에 대한 관심을 함께 공유할 수 있는 어른이 없다. 거기다 집안 생계도 넉넉하지 않으니 더욱 자신이 먼저 무언가를 사달라고, 혹은 무언가를 해보고 싶다고 말하기 어려워 보였다.

  때문에 내가 아닌 다른 사람이 되고 싶다는 사라의 열망은, 그 열망이 쉽게 실현되지 못하는 현실에서의 씁쓸함, 나의 마음과 결점을 들킨 것만 같은 당혹감과 창피함 등이 복합적으로 섞여 있는 감정이라고 생각된다. 그 감정에서 생겨난 상처들은 다시금 사라의 자존감을 떨어뜨리는 악순환이 반복되고 말이다. 이렇듯 내가 이해한 사라의 사춘기는 그래서 단지 외모에 대한 고민, 열등감보다도 욕망을 나눌 존재의 결핍에 가까웠다.

  사라의 이러한 열등감, 결핍감은 주변사람을 대하는 사라의 태도에 영향을 준다. 사라는 우선 낯선 이에 대한 경계심이 높고, 매우 방어적인 태도를 보인다. 특히나 사춘기 이후 사라는 가족에게 유독 냉소적이다. 사라는 자신보다 '예쁘고' '성격도 좋은' 언니 완다를 은연중에 질투하고 자신과 비교한다. 또 돈만 벌고, 자주 찾아오지도 않으며, 찾아와봤자 어색하게 거실에 앉아 풋볼 중계나 보는 아빠를 미워한다. 아이들의 마음을 하나도 몰라주는 윌리 고모는 이제 목소리만 들어도 짜증이 난다. 찰리도 싫다. 완다가 없을 땐 혼자 찰리까지 돌봐야 하니, 원피스는 커녕 온전한 자기 시간마저 가질 수 없는 것같아 속이 상한다.

자신이 사는 동네는 또 어떤가? 작년 여름까지만 해도 친구 메리와 시내 이곳저곳을 놀러 가고, 이웃집 아기를 돌봐주고 하며 나름 즐거운 방학을 보냈지만, 올해는 어쩐 일인지 이 작고 고요한 시골 마을이 그저 숨 막힌다. 한창이 지나 이젠 흉물이 되어버린 광산 말고는 특별한 것 없는 동네. 그곳에 사는 특별한 것 없는 자기 자신. 사라는 자신과 관련된 모든 게 싫어진 것이다.

하지만 그러한 부정적인 마음으로 인해 누구보다 괴로운 건 바로 사라 자신이다. 사실 사라는 누구보다도 가족을 다시 '사랑하고' 싶어 한다. 언니를 질투 하지 않고, 윌리 고모를 잔소리꾼으로 보지 않고, 찰리를 그저 짐으로 보지 않고 "있는 그대로" 사랑했던 옛날로 되돌아가고 싶다. 찰리와 함께 백조를 구경하던 밤, 사라는 자신에게 관심 하나 주지 않는 찰리의 뒤통수에 대고 혼잣말을 하다. "찰리, 너 그 못된 남자애가 널 시소에 태워다 괴롭혔던 거 기억나? 올라갔다가, 쿵! 올라갔다가, 쿵! 근데 찰리, 지금 내 인생이 꼭 그것 같아. 언제 끝날 지도 모른 채 올라갔다, 내리박았다. 이 여름이 빨리 끝나고 가을이 왔으면 좋겠어." 그러곤 저도 모르게 눈앞이 눈물로 흐려진다. 그래서인지 가족들에게 툴툴대는 사라의 모습이, 마치 나를 도와달라고 하는 것만 같아 안쓰러웠다.

§

  사라에 대해 조금 다른 이야기를 해보자.
  사라는 사실 작중에서 찰리, 그리고 찰리가 세상을 바라보는 방식을 가장 잘 이해하고 있는 인물이다. 사라는 메리와 찰리를 찾던 도중 다음과 같은 대화를 나눈 적이 있는데, 이 장면이 굉장히 기억에 오래 남았다:

> "너가 부르는 소리 들으면 찰리가 나올까?"
> 사라는 고개를 끄덕였다. "근데 모르는 사람 백 명이서 떼 지어 다니며 자기 이름 불러대면, 절대 안 나올 거야. 엄청 겁먹어서. 난 찰리를 알아."
> "찰리가 이쪽으로 왔을 거라고 어떻게 그렇게 확신하는지 난 잘 모르겠어."
> "그냥 알아. 뭔가 나한테 찰리를 이해하게 하는 능력이 있는 거 같아. 한 번은 길 가다가 어떤 보석점을 지나쳤는데, 그때 그런 생각이 드는 거야. 만약 찰리가 여기 있었다면, 걔가 아마 바로 저 지점쯤에 서서 오후 내내 시계들을 구경했겠구나. 걔

가 정확히 어디에 서 있을지, 유리에 손은 어떤 모양으로 대고 있을지, 걔 표정은 어떨지 다 알겠는 거야. 그리고 어제도, 난 걔가 백조가 너머 좋아서 집에 안 가려 하겠단 걸 이미 알고 있었어. 난 그 애 기분을 알아."

"그냥 너가 안다고 생각하는 거겠지."

"아니. 진짜로 알아. 한 번은 밤에, 하늘에 대해 생각하고 있었어. 그러다가 별을 올려다봤는데, 그 순간 그런 생각이 드는 거야. 어떻게 하늘은 저렇게 끊임없이 뻗어나가지. 근데 도저히 이해가 안 가는 거야, 아무리 생각을 해봐도. 근데 자꾸 그렇게 이해를 해보려고 애를 쓰다보니까 그만 막 어지러운 거야. 바로 그 순간 그런 생각이 들더라. 아, 이게 찰리를 세상을 보는 방식이구나. 너도 알잖아, 걔가 글자 한 번 써보려고 온 종일 끙끙대다가, 가끔 너무 힘들어서-" (64p)

  나도 어릴 때 가족들 다 같이, 사람 한 명 없는 어느 시골 풀밭에 돗자리를 깔고 누워서 별 구경을 한 적이 있다. 아마 그날 성운이 떨어진다는 뉴스를 듣고 엄마아빠가 나를 데리고 나간 모양이었다.

  정말 별똥별이 미친 듯이 쏟아졌다. 하늘은 까마득하게 높았고, 구름 한 점 없었다. 별들은 수없이 펼쳐져 있는데 도대체 어떻게 존재하는 건지 형용이 되지 않았다. 꼭 하늘의 끝, 그 바로 앞에 별이 박힌 유리 막을 쳐놓은 것 같기도 하다가, 떠 있는 것 같기도 하다가, 사실 하늘에 끝이 있어서 그 벽에 별들이 매달려있는 것 같기도 했다. 도저히 빗댈 수 없는 그 감각에, 하늘을 보다보면 정신이 아득해졌다.

그러다 별똥별이 하나 지나갔다. 나는 별똥별이 휙- 하고 빠르게 지나갈 줄 알았는데, 그때 본 별똥별은 왜인지 정말 느릿했다. 별이 떨어지고 나면 그 뒤에 빛 꼬리가 생기기보다, 빛꼬리가 먼저 생기면서 별이 지나갈 길을 닦고, 그 길을 따라 별처럼 보이는 빛 덩어리가 한 박자 느릿하게 호를 그리다가 스르르 사라지는 것처럼 보였다. 그런 별똥별이 몇 개씩이나 이어졌다.

내가 눈으로 좇던 별똥별이 사라지면, 이젠 가만히 있는 별 하나를 본다. 그런데 별 하나를 집중해서 보고 있다 보면 시야 가장자리에서 별 하나도 또 반짝인다. 그런데 시야 구석에 있던 별로 눈을 돌리면, 자리에 있어야할 별이 사라지고 없다. 그렇게 별을 좇아 눈을 이리 저리 굴리다보면 보면 막 어지러워졌다. 꼭 별들이 움직이면서 웅- 웅- 눈에 보이지 않는 방사선을 뿜는 것 같았다. 너무 넓은 하늘은 인간에게 감당 하지 못하는 어떤 장대함을 선사한다.

아마 사라도 그 경험을 하면서 찰리를 이해하게 되었을 것이다. 내 감각체계를 초과하여 전해오는, 수천 년 전 사라졌을 지도 모르는 빛과 같이, 찰리가 감각하는 세상은 그가 감당할 수 있는 몫 이상의 자극들로 가득 차있다. 머리 위로 양동이 물을 쏟듯 밀려오는 감각.소리, 빛, 공간, 속도. 모든 게 찰리가 이해하기도 전에 그를 스치고 지나간다. 메리는 사라가 그냥 저 좋을 대로 생각하는 거라 여겼지만, 나는 다르다. 꼭 그 사람의 몸에 들어가야만 공감할 수 있는 건 아니다. 때로 교감은 나의 신경계, 육체를 벗어나 이루어진다. 다친 사람 앞에서 최대한 몸을 낮추는 강아지의 눈빛에서, 혹은 처음 만나 알 수 없는 옹알이로 인사를 나누는 아기들 사이의 표정에서, 우리는 논리적으로 설명될 수 없는 강렬한 교감을 목격한다. 찰리가 세상을 인지하는 방식을, 아마 사라도 쏟아지는 별, 인간의 시공간을 아득히 벗어나 제 머리 위로 무너지는 창공에게서 느꼈을 것이다.

  사라와 찰리 간의 교감은 서로를 지키고자 하는 마음으로 이어진다. 그래서인지 특히나 사라는 찰리를 괴롭히는 사람에게 어떻게든 되갚아준다. 한 번은 윌리 고모네 친척이 남들 눈에 띄지 않는 앞뜰 구석에서, 어린 찰리에게 "오늘 하루는 잘 보냈니, 이 저-능아야?" 따위의 말을 해댔다. 그 모습을 본 사라는 그대로 정원 호스를 틀어 친척에게 물을 퍼부어 버렸다. 이런 불같은 면모가 사라의 또 다른 매력이다. 항상 의기소침한 모습으로 구석에만 있을 것 같은 사라에게 보다 다채로운 입체감을 부여하는 대목이기도 하다.

사라가 자신의 사춘기를 극복하게 된 계기 역시 찰리이다. 사라는 찰리를 찾아 나서는 과정에서 자신이 오랫동안 오해했던 조와도 화해하고, 가족에 대해 갖고 있던 사랑을 재확인한다. 숲 속을 뛰어다니며 사라는 오직 찰리만을 생각한다. 자신을 괴롭게 하던 고민들, 외모, 큰 덩치와 발, 멍청한 주황색 운동화, 오지 않는 아빠와 사지 못한 줄무늬 원피스 따위는 이제 너무 사소해서 생각나지도 않는다. 그러면서 사라는 자신에게 진정 소중한 존재가 무엇인지를 깨닫게 된다. 그렇게 사라는 한 층 성장한다.

그래서 나는 사라를 상상할 때, 어딘가 우울해 보이면서도 동시에 강단이 느껴지는 표정을 자주 그리곤 한다. 사라의 이미지를 대표할 수 있는 컬러로 하늘색을 꼽은 것도 같은 이유다. 파란색만큼 우울하지는 않고, 여름 하늘을 닮은 아주 예쁜 색이면서도, 또 마냥 밝거나 따듯하지만은 않은 색. 동시에, 분홍색처럼 마냥 친절하지만도 않은 색. 그 색이 찰리를 위해 언제든 싸울 준비가 되어있는, 강단 있는 사라를 꼭 닮았다고 생각한다.

조　멜비
Joe Melby

조의 머리색과 테마색

찰리가 개 짖는 소리에 놀라
도망치는 길에
잃어버린 슬리퍼 한 짝을
조가 찾아낸다.

§

  조. 조 멜비.

  찰리가 사라진 이후 등장하여 극에 새로운 활기를 더하는 인물이 있으니, 바로 '조 멜비'다. 조는 사라와 동갑으로, 유쾌한 성격이긴 하지만 촐싹대지는 않고, 생각도 깊고 착한 마음씨를 지닌, 말하자면 '사람 좋은 사람'이란 말이 꼭 맞는 그런 아이다. 머리는 붉은빛 섞인 갈색에, 완전 짧지는 않을 것 같다. 책에 직접적으로 설명된 부분은 없다. 조의 대표 컬러로는, 생동감과 온기를 함께 지닌 밝은 오렌지색을 꼽았다.

  조와 사라의 질긴 '악연'은 찰리가 시계를 잃어버린 1년 전으로 거슬러 올라간다.

  찰리에게는 몹시 아끼는 손목시계가 하나 있다. 어느 날 사라가 잠시 문방구에 들른 사이, 찰리는 문방구 밖에 서서 사라를 기다리고 있었다. 그때 남자애들 무리가 다가왔다. 그들은 찰리 눈앞에 사탕을 흔들어댔고, 찰리가 한눈 판 사이 시계를 몰래 빼냈다. 찰리가 시계가 사라진 걸 알아차린 뒤의 반응을 보고 싶었다고 한다. 그런데 아이들이 막 찰리를 골리려던 순간, 찰리 앞에 몰려 있는 아이들을 본 사라가 튀어나와 아이들을 쫓아내버린다. 그러곤 곧장 도착한 스쿨버스를 타고 떠나버린다. 그 바람에 아이들은 찰리에게 시계를 돌려줄 타이밍을 놓치고 만다.

그로부터 일주일 쯤 뒤, 조 멜비가 나타나 찰리에게 시계를 돌려준다.
아이들이 찰리를 괴롭혔던 그 날, 무리에 껴 있던 조를 봤었던 사라는, 조가 범인이라고 짐작하고 스쿨버스에서 집요하게 찰리에게 "너 시계 누가 가져갔어?"라고 물었다. 사라가 자꾸만 무어라 재촉하자 찰리는 그냥 엉겁결에 조 멜비를 가리킨다. 그렇게 사라의 오해는 더더욱 깊어진다. 조가 제 동생을 괴롭히고 물건까지 뺏었다는 생각에 화가 머리끝까지 난 사라는 그 뒤로 만나는 사람마다 조가 찰리의 시계를 훔친 도둑놈이라는 말을 하고 다닌다. 또 조의 등 뒤에 몰래 '바보'라고 쓴 포스트잇을 붙이는 등 소심한 복수도 잊지 않았다. 하지만 윌리 고모는 사라가 조의 이야기를 할 때마다 "조는 그런 적 없다."거나, "이미 지난 일이다."거나, "넌 뒤끝이 너무 심해."라며 조의 편을 들어준다.

여튼 사라는 조와 정말 불편한 사이다.

그런데 그런 조는, "백조의 여름"에서 처음으로 등장할 때, 사라가 조에 대해 보이는 태도와 사뭇 다른 태도를 보인다.
사라가 함께 찰리를 찾아보기로 한 메리네 집으로 가는 길에, 지나가던 공터에서 친구들과 야구를 하던 조가 사라를 본다. 그러자 조가 사라의 이름을 부르며 다가온다. 사라는 못 들은 채 하며 걸음을 재촉하지만, 온 마을 방송으로 찰리의 실종 소식과, 주민들의 협조 안내가 나오고 있는 상황. 마찬가지로 소식을 들은 조는 사라를 불러 세운다. 그러곤 자신이 찰리를 찾는 걸 도와줄 수 있다고, 산을 수색할 것 같은데 뒷산 지리는 자신이 제일 잘 안다고 말한다.

사라는 휙 뒤돌아 쏘아붙인다.

"약한 애 시계를 뺏기나 하는 도둑한테 도움 받고 싶지 않아."

그 말에 둘 사이에 잠시 정적이 흐른다.
얼마간의 침묵 끝에, 조가 말한다.
"너 나 싫어하는 게 그거 때문이니? 넌 아직도 내가 네 동생 시계를 훔쳤다고 생각하는 거야?"
"너가 그랬잖아." 사라가 말한다.
"난 그런 적 없어. 난 이게 다 끝난 문제인줄 알았는데."

사라는 코웃음치며 휙 뒤돌아 걸음을 옮긴다. 하지만 사라의 마음 한 구석에서, 어쩌면 조가 범인이 아닐지도 모른다는 생각이 피어오르기 시작한다. 애써 그 생각을 무시하며 걸어가고 있는 사라를 다시금 조가 불러 세운다. 조는 같이 야구하던 아이들에게도 찰리 소식을 전했으며, 아이들도 같이 찰리를 찾아봐주기로 했다고 말한다. 그러곤 덧붙인다.

"꼭 찾을 수 있을 거야."

 조와 어색하게 헤어진 후, 메리를 만난 사라는 조와 있었던 일을 이야기했다. 그러고는 괜히 조에 대한 험담도 덧붙인다. 하지만 이전까지 사라에게 맞장구를 쳐주던 메리의 태도가 애매하게 바뀌어있다. 사라는 메리에게 조에 관해 알고 있는 건 다 말하라며 메리를 추궁하고, 결국 메리는 그날 점심 때 엄마를 통해 알게 된 진실을 들려준다.

 사라가 계속 조가 찰리의 시계를 훔쳤다는 소리를 하자, 윌리 고모는 사실 확인을 위해 조 멜비네 집으로 직접 찾아간다. 고모의 설명을 들은 조의 엄마는, 원래 놀러와 있던 메리 엄마와, 윌리 고모 앞에 조를 불러다가 자초지종을 묻는다.

 진실은 이러하다. 조는 남자 아이들 무리에 같이 있지 않았으며, 사라가 막 문방구에 나올 때쯤 스쿨버스를 타러 왔다가 얼떨결에 그 남자애들 곁에 서있게 된 것뿐이었다. 조는 그들이 찰리에게 무슨 일을 하고 있는지도 몰랐고, 동참하지도 않았다. 이후에 사라가 찰리를 데리고 가버리자, 시계를 뺏는 걸 넘어 훔친 게 되어버린 남자애들이 겁을 먹고, 조에게 대신 시계 좀 전해달라며 부탁을 하게 된다. 조는 그래서 그 부탁을 들어준 게 다였다. 찰리가 조를 가리켰던 것도 조가 자신에게 시계를 건네주었다는 의미였을 뿐이다.

결국 모든 것이 오해였고, 오히려 조가 찰리를 도와준 셈이었음을 알게 된 사라는 얼굴을 붉히고 다시는 조를 마주치질 않길 기도한다.

　하지만 메리와 뒷산에 갔을 때 사라는 다시 조와 마주치게 되고, 메리가 수색대원들에게 뒷산에서 슬리퍼가 발견되었단 소식을 알리러 가게 되면서 사라는 조와 단 둘이 찰리를 찾게 된다. 사라가 먼저 조에게 뒤늦은 사과를 건네고, 둘은 그렇게 화해한다.

　여기까지 읽었을 때 조의 성격이 더욱 상세하게 파악될 수 있었다. 조는 남에게 친절을 잘 베푸는 아이이며, 억울한 누명을 썼을 때도 구태여 설명하거나 다른 사람을 비난하지 않고 묵묵히 자신이 안고 가는 아이다. 또 사라는 심지어 자신을 도둑으로 몰았던 아이인데도, 사라의 동생이 사라졌다는 소식에 사라를 도와주겠다고 나서는 아이이기도 하다.

　그리고 한 편으로 사라를 좋아하는 걸지도 모른다는 생각이 들었다. 이건 이야기가 전개될수록 점점 더 분명해진다. 이와 관련하여 소설의 거의 끝, 사라와 조가 찰리를 데리고 마을로 돌아오는 장면은 내가 정말 좋아하는 장면이다.

　　(돌아온 찰리를 보러온) 마을 사람들 모두 되돌아
　　갔다. 사라는 잠시 앉아서 숨이나 돌릴까, 생각하

며 뒤를 돌아보던 찰나에, 자기 뒤에 서있던 조 멜비와 눈이 마주쳤다.
"다른 사람들이랑 같이 간 줄 알았어."
"아니."
"오늘 진짜 이상한 날이었어." 그러면서 사라는, 백조들이 넘어간 지평선을 바라보았다.
"진짜 이상한 날이었어 나도."
"음, 난 이만 가볼 게."
조는 몇 걸음 사라와 함께 걷다가, 목을 가다듬더니, 입을 열었다.
"나랑 베니 호프맨네 파티 갈래?"
사라는 잠시 자기가 조 말을 똑바로 알아들은 게 맞나 귀를 의심했다. 로지 캠든한테 "어이! 예쁜이!"라고 말하는 남자애들을 자신이 뒤돌아봤던 때처럼 말이다. "뭐라고?"
"나랑 파티갈 마음 있냐고 물었어."
"나는 초대 못 받았는데."
사라는 백조로 자신의 관심을 돌리려 애썼다. 아마 이때쯤이면 백조들이 다시 저가 살던 대학교 호수로 되돌아갔을 것이었다. 날개를 퍼덕이며 물 위로 내려와, 젖은 날개를 털겠지. 백조들이 물 위로 우아하게 착지하는 모습이 눈앞에 보이는 것만 같았다.
"내가 초대하고 있잖아 지금. 베니도 내가 다른 사

람 데려와도 된댔어. 정확히 말하면, 제발 데려와 달라고 애걸복걸했다니까. 걔랑 새미랑 피트가 밴드를 만들었는데, 사람들 앞에서 공연을 할 건가 봐."

"으음, 잘 모르겠는데."

"왜? 물론 엉망진창 기타연주를 들어줘야하긴 하겠지만. 베니 호프맨, 걔 기타 레슨 한 번하고 반 정도 밖에 안 받았거든."

"음...."

"별 거 없어, 그냥 베니네 뒤뜰에 앉아서 걔가 200달러짜리 기타랑 앰프 틀어놓고 왕왕대는 거 보고 있기만 하면 돼."

"갈 수 있을 거 같아."

"내가 30분 내로 너 데리러 갈 게. 늦어도 상관없을 거야. 첫 50곡이나 뒤에 50곡이나 똑같을 거니까."

"준비하고 있을 게." (82-83p)

 그렇게 사라는, 메리가 자기만 초대받았다고 사라를 놀려댔던 베니 호프맨네 파티에, 그것도 숙적이었던 조와 함께 가게 된다! 왠지 이 둘을 보다보면 〈빨강머리 앤〉에서 앤과 길버트가 많이 떠오른다. 길버트도 앤에게 "홍당무"라 놀렸다가 앤의 미움을 받게 되고, 이후 공부로 서로 경쟁을 하다가, 물에 빠질 뻔한 앤을 길버트가 구해줌으로써 관계의 전환이 일어난다. 이후 길버트가 앤에게 대학 자리를 양보하면서 결국 화해하게 되고 말이다. 앤과 길버트 같이 점점 가까워지는 사라와 조의 관계성을 지켜보는 것도 이 소설을 읽는 큰 재미 중 하나다.

찰리 갓프리
Charlie godfrey

찰리가 길을 잃을걸 대비해
차고 다니는 이름, 주소가 적힌
팔찌와 찰리가 가장 아끼는
손목시계.

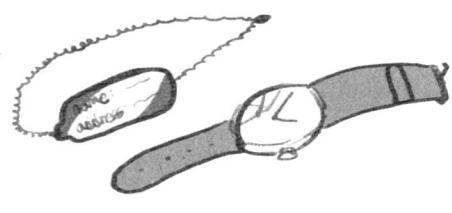

찰리는 불안할 때마다
앞뜰베란다 계단에
발을 비빈다.
그래서 계단 한 칸에
발 자국이
움푹 파여있다.

찰리 머리색, 티셔츠색,
그리고 테마색
원래 책에서는
줄무늬 니트셔츠라고
나와있다.

§

 찰리. 찰리 갓프리.

 찰리는 사라를 닮아 둥근 얼굴형에 갈색 머리칼, 그리고 주근깨를 가진 소년이다. 나이는 10살. 한쪽 손목에는 이름과 주소가 적힌 팔찌, 다른 한 쪽엔 찰 리가 아끼는 손목시계를 차고 있다.

 찰리는 앞뜰에 있는 텐트, 조용한 저녁, 단추가 모두 달려 있는 잠옷, 항상 똑같은 아침, 그리고 손목시계를 좋아한다. 손목시계. 완다가 사준 것으로, 윌리 고모는 시간 같은 거 못 읽는 애한테 뭘 그런 걸 사주냐고 핀잔을 주었지만 찰리는 그 시계를 몹시 좋아했다. 똑딱거리는 규칙적인 초침 소리가 안정감을 주었기 때문이다. 매일 아침밥을 먹기 전에, 찰리는 윌리 고모에게 시계를 내민다. 그럼 윌리 고모는 "하루 만에 시간이 그렇게 달라지진 않는다"며 툴툴대면서도, 태엽을 감아서 시간을 정확하게 맞춰준다. 찰리가 사라지기 이틀 전에는 완다가 크래용과 스케치북도 사다준 덕분에 그림에도 재미를 들였다.
 그 찰리가 그린 그림을 보며 사라는 생각한다:

 "사라는 텔레비전 옆 선반 위에 올려진 찰리의 그림을 내려다보았다. 몸통과 얼굴을 그린 동그라미 크기가 똑같았고, 좀 더 작은 동그라미로 눈와 귀를 그렸다. 팔과 다리는 꼭 기다란 풍선처럼 오동통한 타원형이었다. 그 밑엔 제 이름도 적었다. 하지만 이름 적다 말고 텐트 만들러 나가버린 탓에, 이름 첫 두 글자만 완성되어 있었다. 그마저도 C는 뒤집혀 있었다. 이틀 전 완다가 찰리에게 크래용과 스케치북을 사다 줬다. 찰리는 그때 완다가 사준 크래용 중 갈색만 가지고 그림을 그린 것이었다. 그 그림을 보고 있자니 사라의 마음 한편이 아릿해졌다. 그 그림, 자그마하고, 그리다 만, 완성되지 못한 모습이, 찰리와 어딘가 겹쳐 보였다.(48p)"

찰리는 어릴 적 앓은 열병으로 인해 뇌 손상을 입었고, 이후 말을 하지 못하게 된다. 또 평소에는 다른 사람이 전하는 사회적 자극에도 감정 표현을 하지 않는다. 하지만 자신이 익숙한 환경이나 생활 루틴에서 조금만 벗어나면, 극도로 불안해하며 발을 바닥에 끌거나 옷을 뜯는 등의 행동을 한다. 또한 타인이나 소리나 여러 감각에도 예민하다. 몸은 커가지만, 여전히 자그마한 아이 같은 찰리. 그 모습이 서툴고 단순한 동그라미와, 뒤집힌 C로 시작해 쓰다만 이름을 닮아 있다는 사라의 표현이 마음에 많이 와닿았다.

 하지만 찰리가 그의 장애만으로 다 설명되느냐, 찰리를 장애를 이해하면 그에 대한 모든 이해가 끝난 것인가, 나는 절대 그렇지 않다고 생각한다. 내가 "백조의 여름"을 좋아하는 또 한 가지 이유는, 찰리의 장애가 이야기의 '중심'이 되지 않는다는 것이다.

 물론 이야기의 발단은 찰리 혹은 찰리의 장애와 관련 있기는 하다. 찰리가 잠옷 단추 하나 빠진 일 때문에 새벽이 되도록 불안해서 잠들지 못했고, 흰 고양이를 보고도 그게 백조가 아니라는 사실을 추론하지 못했고, 그날 낮에 갔던 강을 제대로 찾아가지 못했으며, 숲에서 길을 잃고 결국 골짜기에 빠진 이후에도 사라 목소리를 듣기 전까지는 스스로 도움을 청하지 못했다.

 하지만 그 뿐이다. 이 책은 찰리의 장애를 연민의 대상으로 소비하거나, 찰리와 함께 생활하는 완다, 사라, 윌리 고모를 지극히 불행한 인물로 그리지 않는다. 또 찰리라는 존재를 그의 장애만으로 정의하지도 않는다. 찰리의 뇌손상을 설명할 때 외에는 그의 발달 장애가 언급되는 순간은 한 번도 없다. 즉 찰리의 장애는 그저 찰리의 일부로서 인물에 자연히 녹아있다. 또한 찰리가 장애를 가졌다는 이유만으로 그를 절대적으로 선하거나, 순수한 존재로도 그리며 장애를 낭만화/평면화하지 않는다-찰리가 백조를 구경하러 갔던 밤, 집에 안 가겠다고 떼쓰는 행동은 모든 형제자매들을 열 받게 하기 충분하다고 본다. 다시 말해 찰리는 자신이 좋은 걸 좋다고 끝까지 우기기도 하는, 그런 자기만의 욕망이 있는 존재로 그려진다.

 어릴 때 어떤 소설을 읽은 적이 있다. 그 소설 역시 장애를 가진 사람과 그 주변인들의 이야기를 그린 것이었다. 근데 그 책에서는, 주인공이 뭘 하기만 하면 장애와 연결되었고, 그래서 '애처롭고 처절하고 극도로 미숙한 존재'로서 주인공을 그렸다. 장애가 불필요할 정도로 처절하고 비참하게 묘사되고, 주인공은 주변인들에게 피해 주는 것 말고는 아무런 욕망도 없고 욕심도 없는 천사처럼 등장하며, 주인공의 주변 사람들은 주인공과 오로지 장애에 대해서만 이야기한다. 그리고 모종의 사건으로 위기를 맞이하지만 결국 마지막에는 눈물을 쥐어짜는 감동적인 결말을 맺었다.
 그땐 그게 잘 쓰인 책이라고 생각했다. 하지만 지금 생각하면, 과연 그 소설이 좋은 소설이었을까 의구심이 든다. 장애를 가진 사람들에게 장애는 그저 마음의 짐일 뿐임 거대한 괴물 같은 걸까? 그 앞에서 매 순간 절망할까? 장애를 가진 사람과 한 평생을 같이 살아온 가족들은 그 가족구성원의 장애를 항상 인식하면서, 장애를 가진 주인공에게 말을 건넬 때는 정말 다른 형제자매들보다 그저 친절하고 나긋하고 조심스러울까? 꼭 장애를 다룬 소설의 결말은 한국의 전형적인 신파극처럼 끝나야만 하는 걸까?

 물론 그런 서사가 아예 의미 없다고 할 수는 없을 것이다. 그런 방식을 통해 장애인과 주변인이 경험하는 힘든 현실을 전달할 수 있으니까. 또 한국에서 장애를 갖고 살아간다는 건, 정말 힘든 일이니까. 제대로 나 있지 않은 보도블록과, 휠체어용 빗변 없는 계단, 발달 장애가 있어도 제대로 된 특수학교조차 등록할 수 없는 현실은 장애를 가진 이들에게 매 순간 그들의 장애를 인식시키고, 그들을 배제하고 공격한다. 사람들에게 자신이 어떤 장애가 있노라 밝히면 그 순간 대화가 중단되고, 사람들은 이후로 그 사람에게 장애와 관련한 이야기('어디 뭐 불편한 거 없으세요?', '아이고 어쩌다 그렇게 되셨어요?') 외에는 어떤 말을 꺼내야할지 난감해한다(아무도 '아 예 그렇군요. 근데 어제 저녁 뭐 먹으셨어요?'라고 하지는 않을 테니 말이다).

  하지만 그러한 장애의 현실을 드러내고 비판하는 것과, 장애를 그저 불행하고 불쌍한 소설 거리로 소비하는 건 정말 다른 문제다. 나는 어릴 적 읽었던 위의 책이 장애를 지나치게 소비했음을 무시할 수 없다고 생각한다. 그러나 "백조의 여름"에서는 찰리의 삶을 처절한 무언가로 그리지도, 그리하여 찰리를 변호하거나 영웅화하지도, 찰리를 동정하지도 않는다. 그보다는 그냥 찰리가 느끼고 원하는 것들을 그린다. 그럼으로써 이 책에서 찰리는 주체가 된다.

  내가 찰리와 관련하여 좋아하는 장면은, 찰리의 시선에서 바라보는 세상에 대한 세밀한 묘사들이다. 햇빛에 구워진 이불의 온기, 밤의 고요, 나뭇잎 흔들리는 소리, 숲의 그림자가 움직이는 모습, 찰리가 골짜기에 빠지고서 들었던 다람쥐 소리, 개가 짖어대던 숲 속 공터와 그 속에서 찰리가 느낀 공포…. 상대의 감각으로 세상을 바라본다는 건 정말 특별한 경험이다. 그 사람이 되어보는 건, 결국은 그 사람을 대상화시킬 수밖에 없는 그 사람에 대한 타자의 묘사와 비교될 수 없는 이해를 가능하게 해주니까.

  어릴 때 학교에서 어떤 영화를 보여주었는데, 역시나 이름은 기억나지 않는다. 다만 주인공 머리칼은 빨간 색이었고, 헤어스타일이 아주 독특했다는 건 기억난다. 주인공은 자폐증을 가진 소녀였는데, 어머니는 하버드 출신 엘리트로 딸의 장애에도 불구하고 딸에게 계속 교육을 시키기 위해 헌신한다. 찰리와 마찬가지로 영화 속 이 소녀도 어떤 분야에 대하여 감각이 아주 발달해 있다. 가령 벽지의 패턴을 보고서, 머릿속으로 그 패턴을 다시 조합해 도형을 만들어본다던가, 하는 식이다. 남들이 보통 잘 하지 않는 감각과 생각을 지니고 있다.
  그런 소녀가 사랑에 빠진 존재가 있으니, 바로 동물이다. 그녀는 동물행동전문가가 되어, 남들이 자신을 별종 취급하는 것과 상관없이 항상 동물들이 세상을 바라보는 방식을 이해하려 노력한다. 좁은 곳에 갇혀 있는 동물들의 입장을 사람들에게 이해시키기 위해, 기숙사에 커다란 박스를 만들어 기숙사생들이 그 안에 들어가 보도록 하고 소감을 기록해둔다던가, 말인지 소인지 동물들이 이동하는 통로에서 동물들이 날뛴다는 이유로 그들에게 전기충격기를 가하는 노동자들을 보고 분노하며, 동물들을 위한 더 나은 통로를 설계한다던가 하는 식이다.

  특히 동물들을 위해 통로를 설계하던 그 장면이 내 기억에 정말 생생히 남아있다. 주인공은 동물들처럼, 자신이 직접 그 좁은 통로 안에 들어가, 네 발로 기면서 주위를 살핀다. 오른쪽 위로 고개를 든다. 햇빛을 받아 번쩍이는 무언가. 자폐 증상 중 하나는 남들보다 감각이 예민한 케이스인데, 주인공도 그러하다. 주인공은 그 불빛이 너무 거슬린다. 고개를 들어 본다. 알고 보니 통로 옆에 노동자들이 쓰느라 걸어 놓은 거울이 걸려 있었고, 동물들이 그 거울에 놀란 것이다. 또 걷는다. 통로에 걸려 있는 그물 비슷한 물건. 그것 역시 동물들을 놀라게 한다.
  그런 식으로 주인공은 동물이 세상을 어떻게 지각할지를 이해해본다. 카메라 앵글 역시 평소 우리가 소의 겉면을 바라보는 방식이 아니라, 카메라가 곧 소의 눈이 되어 통로 내부를 찍는다. 살면서 우리가 동물들이 걷는 통로 밖이 아니라, 안을 보는 게 얼마나 될까? 그 흙, 벽, 벽의 높이를 느낄 때가 얼마나 될까. 낯선 감각의 전이는 우리가 보지 못한 존재들에 대한 공감을 가능하게 한다.

  말하자면 이 책 속에 있는 찰리가 세상을 보는 방식에 대한 묘사들도, 카메라 앵글을 바꾸어 보는 것이다. 항상 장애를 가진 사람을 '대상'으로서 찍었던 외부의 앵글을 치워버리고, 찰리에게 직접 카메라를 쥐어 줌으로써 찰리의 시선을 담게 한다. 그럼으로써 우리는 찰리를 이해하게 된다.

그리고 알게 된다. 찰리가 항상 똑같은 루틴을 좋아하고 그 루틴에 집착한다고 해서, 찰리의 세상이 그저 정적이기만 한 것은 아니라는 사실을. 찰리의 세상은 찰리가 느끼는 욕망, 공포와 아름다움, 흥분, 슬픔, 행복으로 요동치는 역동적 세계다. 모두의 생(生)이 그러하듯이. 사라의 말을 빌리자면, 만약 우리의 인생이 계단이라면, 찰리의 계단은 남들 것보단 좀 더 복잡하고 빙빙 꼬여 있지만, 그럼에도 찰리는 한 걸음씩 내딛으며 천천히 앞으로 나아가고 있다.

윌리 고모

메리

완다

아빠 샘
가족과 함께 살 때
남긴 가족사진.
지금과 달리
행복한 모습이다.

찰리가 사라지자
몹시 슬퍼하고 자책한다.
기분전환을 위해
초록색 드레스를 입는다.
고모가 가장 좋아하는 옷이다

윌리 고모

완다

메리

아빠 샘

§

  지금까지 이야기의 중심인물 세 명을 살펴보았다. 이제 주변 인물들을 살펴볼 차례이다. 완다, 윌리 고모, 메리, 사라의 아빠 정도를 들 수 있겠다.

  완다를 떠올릴 때면, 찰리를 떠올릴 때 연상되는 노랑보다도 훨씬 밝은 노란색이 떠오른다. 거의 레몬색 정도. 머리칼도 왠지 밝은 금발일 것 같다. 톡톡 튀고, 밝은 성격에, 기본적으로 사람들을 좋아하는 성격이라고 느꼈다. 걱정 덩어리인 사라와 달리 완다는 인생을 제법 즐겁게 사는 편에 속한다. 그래서인지 사라의 고민을 진지하게 들어주고 공감해주는 게 좀 부족하긴 하지만, 그래도 사실 누구보다도 동생들을 사랑한다.

  말하자면, 보이지 않는 곳에서 동생들을 챙기는 인물인 것이다. 사춘기 때문에 힘들어하는 사라에게 "누구나 그럴 때가 있어. 그냥 너 자신에게 시간을 좀 줘봐."라고 말해준 것도 다름 아닌 완다이고, 찰리에게 손목시계나 스케치북 등 이런저런 선물을 사주는 것도 완다이다. 윌리 고모는 "시간도 못 보는 애한테 뭘 저런 걸 사주냐"고 핀잔을 주었던 윌리 고모와 달리, 완다는 찰리가 무엇이든 해볼 수 있다고 믿고 있다. 지인을 통해 찰리 같이 발달장애가 있는 아이들이 갈 수 있는 여름 캠프 같은 걸 알아보기도 하는 등 찰리가 여러 가지를 경험할 수 있도록 해준다.

 완다는 찰리가 사라진 날, 병원에 일찍부터 출근하느라 동생을 찾는 데에 합류할 수 없었다. 거의 대학을 졸업하자마자 취직하여 일을 하고 있는 것을 보면, 아빠의 월급에 기대고 있는 가족 사정을 남몰래 헤아리고 있는 인물이라고도 생각한다. 그래서 완다의 대사들을 옮길 때면, 짜증나는 언니의 면을 드러내면서도, 마냥 속편한 인물처럼 느껴지지는 않도록 노력했다.

 윌리 고모는 깐깐한 원칙주의자다. 윌리 고모를 떠올릴 때면 그 쩨쩨한 성격에 맞게 날카로운 얼굴선과 올라간 눈꼬리, 바짝 올려 묶은 머리칼, 그와 대조되게 헐렁한 꽃무늬 원피스를 입은 모습이 떠오른다. 그녀는 자상함과는 거리가 멀고, 완다나 사라와는 퍽 하면 말싸움을 하며 아이들에게 결코 져주는 법이 없다. 아이들을 상대로 저렇게까지 하고 싶나 싶을 정도로, 자신이 생각하는 게 무조건 맞다고 생각하는 고집쟁이이기도 하다.
 지극히 개인적인 생각이지만, 남동생의 월급에 온 식구가 의지하고 있는 만큼 남동생, 즉 사라의 아빠에 대한 미안함과 안쓰러움, 아이들에 대한 책임감, 경제적 압박감이 아마 윌리 고모를 그런 억센 성격의 소유자로 만들지 않았나 싶다. 찰리가 사라졌을 때, 사라에게 "너 엄마에게 꼭 찰리를 잘 돌봐주겠다고 내가 약속했는데! 내가 약속했단 말이야!" 라며 자책하는 장면에서, 윌리 고모가 조카들에게 가지는 책임감이 정말 잘 드러난다.

이처럼 윌리 고모는 아이들에게 잘 표현하지 않을 뿐, 아이들을 진심으로 사랑하는 인물이다. 애초에 돈 벌러간 남동생을 대신하여 아이들의 보호자가 되어주고 있지 않은가. 영미 판타지 영화를 보다보면 악역인줄 알았던 고약한 성격의 할머니가 알고 보니 아주 좋은 인물이었다더라, 하는 전개가 많은데 윌리 고모도 그런 캐릭터다.

메리는 사라의 둘도 없는 단짝이다. 전체적인 이미지는 완다와 비슷하다고 느꼈는데, 메리 역시 쾌활하고 밝은 성격이기 때문이다. 조잘조잘 말도 많다. 가끔은 사라의 속을 긁어대는 말을 하기도 하는데, 안 그래도 학교에서 인기가 없다는 열등감을 갖고 있는 사라가, 찰리를 찾으러 가는 길에서도 조잘조잘 파티 얘기를 해댄다. 듣다 지친 사라가 "파티 얘기 좀 그만 해."라며 핀잔을 주자, "내가 파티에 초대받은 게 내 잘못은 아니잖아?"라며 약을 올리기도 했다. 마지막에 조가 사라를 메리가 초대된 그 파티, 바로 베니네 파티에 초대하게 되긴 하지만 말이다.

하지만 메리는 사라의 동생을 찾는 일에 함께 해주고, 사라와 함께 사라 운동화 염색하는 걸 도와주기도 하는 등, 사라에겐 둘도 없는 단짝이다. 메리라는 인물은, 사춘기를 맞아 불안하고 우울한 사라가 이야기를 끌어가면서, 자칫 이야기가 무거워질 수 있을 때마다 분위기를 밝게 풀어주는 역할을 한다. 때문에 메리의 대사들을 옮길 때면 메리의 통통 튀는 분위기가 잘 전해질 수 있게끔 노력했다.

마지막으로 사라의 아빠, 샘. 내게 샘은 언제나 내게 회색 이미지로 떠오른다. 사라는 자신의 아빠에 대해 다음과 같이 말한다.

> "사라는 그 옛날 가족사진들을 볼 때면, 검고 구불거리는 머리칼에, 이빨 하나가 부러진 채 환하게 웃고 있는 한 남자가 어렴풋이 기억에서 되살아났다. 그 남자와 함께 살았던 행복했던 시절은 한밤의 꿈 같이 끝나버리고, 남자는 사라져 버렸다. 이 사진 속 환하게 웃고 있는 남자와, 오하이오에서 일하며 허구한날 술만 마시는, 가끔 주말에 사라네가 있는 웨스트버지니아에 들르긴 하지만, 와서도 먼저 말을 거는 일 일절 없이 거실 소파에 앉아 야구나 풋볼 따위를 보는 이 새치머리 남자가 같은 인물이라니 도저히 믿기지가 않았다.(52p)"

'새치머리', '히끗히끗한' 정도로 늘 번역했던 이 'gray'라는 단어가, 가끔은 정말 '우중충한, 회색빛의' 이라고 번역해야하는 건지 항상 헷갈린다. 삶에 대한 모든 활기를 상실한 이 남자가, 정말로 머리칼부터 피부까지도 회색으로 말라 있을 것만 같았다.

샘은 말하자면, 행복과의 극단적 단절을 상징한다. 사라의 엄마와 결혼을 하고 세 아이를 낳은 뒤 더할 나위 없이 행복했지만, 찰리에게 열병이 찾아오고 사라의 엄마마저 죽은 뒤 남자는 생의 무게를 지탱하지 못하고 고향을 떠나버렸다. 그가 더 나은 일자리를 찾기 위해 오하이오로 간 건지, 아니면 그저 자신의 아내와 아들을 집어 삼켜버린 마을이 싫어서 도피한 건지는 알 수 없다. 분명한 건 그는 이제 어떤 생의 낙이나 목적의식도 없이, 그저 아이들을 위해 힘겹게 돈을 벌고 있기만 하다는 것이다. 사라는 이런 아빠를 그저 가족을 버리고 도피해버린, 무력한 존재로만 느껴진다. 때문에 소설 중간중간, 윌리 고모가 아빠에 대해 이야기할 때 사라는 매우 공격적인 태도로 아빠를 비판한다.

하지만 한 편으로 나는, 사라가 이토록 아빠를 싫어하는 이유가, 지금의 자신과 닮아 있어서가 아닐까 하는 생각도 했다. 우울하고 우중충한 아빠는, 지금의 불만과 바뀔 수 없는 현실에 그저 불평한 쏟아내고 있는 사라 자신과 닮아있으니까 말이다.

이야기가 진행되면서 사라는 조금씩 그런 아빠를 이해하

게 된다. 소설 말미에 사라는 자신의 아빠를 "제자리에 멈춰 서서 더 이상 앞으로 나아가려 하지 않는", 십여 년이 지난 지금까지도 과거에 머물러 있는 나약한 인물로 그리면서도, 그런 나약한 아빠를 용서하고 포용한다. 이는 결국 무기력하고 우울했던 자기 자신을 이해하고 보듬게 되었기 때문에 가능하다.

그러나 그렇게 닮아있는 사라와 사라의 아빠 사이에 한 가지 차이가 있다면, 과거를 상징한다고도 할 수 있는 아빠와 달리, 사라는 자리에서 일어나 앞으로 나아간다는 것이다. 사라는 사랑하는 사람을 잠시나마 상실했던 경험을 계기로 하여 엄마의 부재, 찰리의 병, 쪼들리는 현실만을 곱씹지 않고 현재, 내 곁의 소중한 존재들에 집중하는 인물이 된다.

소설 마지막 문장이 "사라는 자리에서 일어나", "파티 갈 채비를 하러 갔다"이다. 이는 제자리에 머물러 있기만 한 사라의 아빠와, 자리를 박차고 새로운 세상으로 발을 디디는 사라를 대조시킴으로써 결국 사라의 성장을 암시한다고 생각한다.

환절기

14살 여름방학 동안 "백조의 여름" 번역을 몇 번이고 더 했다. 위에서 소개한 인물의 설정, 공간과 계절감 모두 이때 거의 정리되었다. 정말 열정적으로 번역을 했고 여름방학 마지막 번역이 끝나던 날 나의 여름 방학도 함께 끝이 났다. 이제 매미 소리는 사그라들었고, 가을바람이 불기 시작했지만, 나 자신을 지탱시켜주는 서사를 만난 기쁨은 쉽게 사라지지 않았다. 그 해 나는 겨울이 되어서도, 나 자신의 계절만큼은 초여름이었다. 막 더워지기 시작하고, 의식하지 않은 순간 매미 소리가 훅 치고 들어오는, 특유의 달뜬 공기가 쉽게 가라앉지 않는 밤을 가진 계절. 나는 그 해 정말로 행복했고, 항상 여름처럼 웃었다. 차가운 겨울 공기도 나를 얼릴 수는 없었다.

그러다 나에게 훌쩍 겨울이 찾아왔다. 준비할 새도 없이, 가을을 건너뛰고, 정말 훌쩍. 아주 오랜 겨울. 이제 나는 사라보다 한 살 많은, 15살이 되어 있었다.

14살이었던 그 해에는 몰랐다. 1년 뒤, 내가 도저히 이유를 알 수 없는 불만과 분노에 잡아먹혀 있으리라는 걸. 1년 뒤, 사라가 말한 것처럼 기회만 된다면 뭐든 다 찢어버리고, 방음이 잘 되는 방만 있다면 그곳에 들어가 하루 종일 소리 지르고 싶게 될 거란 걸.

2

:

겨울

아멘의 시, 나의 번역

겨울

　　　　　　새해가 되던 날 새벽. 가족들과 함께 TV 앞에 모여 타종 행사를 봤다. 경건한 종소리가 TV 너머 마루까지 꽉 채웠고, 보신각 둘레를 빼곡히 메운 사람들은 저마다의 소원을 빌거나, 카메라를 향해 손을 흔들며 웃고 있었다.
　이제 마지막이겠지, 싶을 때면 또 다시 종이 울렸다. 누군가의 소망을 싣고 흩어졌을 그 종소리. 그런데 나는 그 종소리에서 이유 모를 불길함을 느꼈다.

　다음날 아침, 눈을 떴을 때 그런 생각이 들었다.
　'나는 작년처럼 행복할 수 있을까?'
　그러고서 직감했다.
　'올해는 무언가 잘못된 것 같아.'

14살 동안의 한 해가 완벽할 만큼 행복했기 때문에, 나는 올해가 작년만큼 좋을 수 있을 것인가 불안해지기 시작했다. 그것이 괜한 걱정이었다면 좋았겠지만, 불행히도 이번엔 운명의 신이 나를 가만두지 않았다.

  이제 3학년이 되어 새로운 반 배정 결과가 나왔고, 친했던 친구들과 아주 체계적으로 흩어졌다. 모두가 뿔뿔이 다른 반이 된 것이다. 시작이 좋지 않았다. 새로운 학년, 새로운 반, 새로운 학기에 적응해야 했지만 나는 의지할 친구를 찾지 못했고, 마음은 정처 없이 떠돌았다. 학기가 시작되고 3월이었지만 여전히 날은 추웠다. 외로움으로 촘촘히 짜여 틈이 없는 한기가 내 속을 파고들었다.

  설상가상으로, 공부가 삐걱대기 시작했다.
  14살까지만 해도 나는 공부를 꽤나 즐기며 했었다. 그 전까지 워낙 공부를 안 했었기 때문에, 마음을 다잡고 공부를 시작하면서 새로이 알게 되는 것도 많았고, 발전하는 나 자신을 지켜보며 얻는 성취감이 비교할 수 없었다. 내게 공부는 단지 무언가를 외우고 익히는 것에 한정되지 않았고, 몸을 단련하듯 마음을 단련하는 과정에 가까웠다. 유혹을 이겨내고 마음을 모아 한 자리에 있을 수 있는 끈기, 어려운 내용도 포기하지 않고 끝까지 붙잡고 고민하는 태도. 이 모든 게 공부를 하다보면 키워질 수밖에 없었다. 그래서 운동에 중독되는 사람처럼 나는 공부에 중독되었다. 몸의 근육이 거짓말을 하지 않듯이, 마음의 근육도 거짓말을 하지 않았다. 단련하는 만큼 커졌고, 강해졌다.

 그러나 성장은 1년 만에 정체기를 맞았다. 등수가 높아질수록, 점점 전에 없던 압박감이 생겨났다. 더 강해져야만 하고, 더 잘해야만 한다는 생각이 들었다. 그런데 지난날의 내가 어떻게 성장할 수 있게 된 건지, 왜 그렇게 공부를 잘할 수 있게 된 건지, 막상 이유를 찾으려 해도 답이 나오지가 않았다. 공부를 잘 하게 된 이유를 알아야 그걸 계속 유지하는데, 이유를 알 수가 없으니 불안함은 배가 되었다. 불안함 때문에 공부에 집중하기가 힘들었다. 전보다 공부 시간은 더 늘어나는데, 능률은 오히려 떨어지기 시작했다.

 옛날에 그런 다큐멘터리를 본 적이 있다. 어떤 높이뛰기 선수 두 명에 대한 이야기였는데, 한 명은 완전히 노력파였고, 한 명은 완전히 재능파였다. 노력파 선수는 늘 꼼꼼하게 자신의 신체 상태를 체크하고, 언제 도움닫기를 할 것인지 수학적으로 계산하며, 테이프로 바닥에 도움닫기 지점들을 표시하고서 반드시 그 지점에서 뛰었다. 그는 세계랭킹 2위였다.
 하지만 재능파 선수는 이 노력파 선수와 정 반대였다. 훈련도 제대로 하지 않았고(조금 하는가 싶다가도 금방 트랙 가로 빠져서 딴 짓을 했다), 보다못한 카메라 감독까지 "이래도 돼요?"하고 묻자 씨익 웃기만 했다. 도움닫기 지점을 계산하고 테이프로 표시까지 한다는 건 그에게 상상도 못할 일이었다. 그는 그냥 아무 생각 없이, 자신이 느끼는 대로 뛰었다. 그런 그가 세계랭킹 1위였다.

　노력파 선수는 한량같이 놀기만 하는 재능파 선수가 1등이라는 사실을 받아들이기 힘들어했다. 그는 만년 2등이었지만, 연습량으로만 본다면 자신이 1등이라고 생각했다. 그래서 노력파 선수는 재능파 선수에게 1:1 대결을 신청했다. 얼마간의 개인 훈련 시간을 가진 뒤 경기장에 모여 높이뛰기 시합을 하자는 것이었다.

　그리고 얼마 후. 마침내 시합날이 되었다. 그런데 어떤 이유에선지, 재능파 선수는 자신의 경기 준비 방식을 완전히 바꾼 모습이었다. 갑자기 모든 면에 있어서 노력파 선수를 따라했다. 도움닫기 할 위치에 테이프를 붙이고, 도움닫기 지점을 계산하고, 신체를 과학적으로 체크했다. '그냥' '느낌대로' 뛰던 모습은 온 데 간 데 없었다. 그날 시합에서 재능파 선수는 노력파 선수에게 지고 말았다. 그의 첫 패배였다.

　나도 딱 그 재능파 선수의 모습과 같았다. 아무 고민도 계산도 없이, 그저 느낌대로 뛰기만 해도 높이 뛸 수 있고, 노력하지 않고도 그저 모든 것이 즐거웠다. 인간관계도, 공부도, 취미도, 나의 생활도 잘 풀리기만 했다. 그렇게 '느낌대로' 도움닫기를 해오던 사람이, 갑자기 전에 안 하던 짓을 하며 높이뛰기를 하려 하기 시작한 것이다.

　생활이라는 경기장에 테이프를 한 장 한 장 붙일 때마다, '느낌대로' 뛸 때 내 몸과 정신이 만들어냈던 자연스럽고 유기적인 연결은 망가졌다. 준비 방식을 바꾸었던 그 재능파 선수도, 갑자기 몸동작 하나하나를 의식하다보니 오히려 근육을 어떻게 써야할지, 뛰는 건 언제 해야 적당할지, 한 번도 고민해본 적 없는 것들이 갑자기 궁금해지고 그 답은 쉽게 찾을 수 없었을 것이다. 나도 비슷했다. 지난여름과 같은 행복을 유지해야한다는 강박 속에서, 전보다 모든 면에서 더 노력했지만 상황은 더욱 악화되기만 했다.

　불안해서 공부를 하는 게 너무 힘이 들었다. 조금만 뛰어도 숨이 차는 것처럼, 내 마음도 조금만 공부를 해도 금방 지치며 헐떡댔다. 심장이 너무 빨리 뛰어서 무서웠다. 모르는 것, 어려운 것을 발견할 때마다 늑대 앞에 선 토끼처럼 머리가 새하얘졌고, 시험에서 한 개 틀릴 때마다 미칠 것 같았다. 나는 그렇게 스스로 만든 감옥에 꼼짝없이 갇혀 버렸다.

　스스로에게 필요 이상의 부담을 지어주고 있다는 걸 알았지만, 내가 만든 형벌에서 이상하게도 벗어날 수가 없었다. 불안이란 정말 모순적인 감정이다. "불안"은 과정, 즉 아직 어떤 일의 결과를 보기 전까지 느낄 수 있는 사전적 감정이다. 결과를 보고 나서 사후적으로 느끼는 "절망"과는 다르다. 나는 이 "절망"을 피하고 싶지만, 과연 피할 수 있을 것인지, 그 불확실성에서 오는 감정이 "불안"이라고 생각한다.

"불안"은 분명 인간의 신체와 정신을 힘들게 한다. 그렇지만 이 "불안"은 한 편으로, 아직 내가 결과 즉 "절망"을 보지는 않았다는 증거이기도 하다. 위에서도 말했지만, 절망은 사후적 가정이지만, 불안은 사전적 감정이므로.

때문에 "불안"은 내가 두려워하는 결과를 유예하는 기제로 왜곡되기 시작한다. 결과를 마주할 날이 가까워질수록 나는 거의 의도적일 만큼 불안감을 증폭시켰다. 그렇게 함으로써, 아직 결과를 보지 않았다고, 나는 아직 끝나지 않았다고 스스로에게 상기시켰다. 한 마디로 심리적 자해에 중독이 되어 있었다. 제 목을 제 손으로 조르며 괴로워하면서도, 그 숨이 눌리는 고통으로부터 도리어 살아있다는 감각을 느끼며 안도하는, 그런 상태였다. 그리고 혼자 힘으로 내 몸을 옥죄는 손을 풀어내기엔, 나는 너무 어렸다.

그 해를 다시 색으로 칠한다면 나는 회색을 고를 것이다. 혹은 썩은 자두색. 촌스러운 주황색이 마음에 들지 않아서 파란색으로 염색했다가 썩은 자두색이 되어버린 사라의 운동화처럼. 나도 무언가를 고쳐보려고 애를 썼지만 해결되는 건 아무것도 없었고 나의 세상은 온통 진한 회색빛이었다. 분명 그 해에도 봄, 여름, 가을, 겨울은 순차로 왔는데 나에게는 회색빛 겨울로만 기억에 남았다. 졸업하면 이 고통도 끝이라는 생각도 할 수 없었다. 당장 내 손에 들려있는 현실이 차갑고 눅눅해서 토할 것 같았다.

  나의 인생의 챕터가 원점으로 돌아간 것 같았다. 방향 없는 분노가 마음속에 쌓여갔고, 뭐라도 때려 부수고 싶지만 그걸 실행할 용기도 힘도 없었다. 인생은 어딘가 부서져 완전히 고장 나있었지만, 대체 왜 그렇게 된 것인지는 이해할 수가 없었다.
  '달력 연도에 적히는 숫자만 달라졌을 뿐인데, 어쩌다 이렇게 된 거지?' 오직 이 질문의 답만 찾아 헤맸지만, 모든 일에 꼭 이유가 있는 건 아니라는 걸 그때의 나는 알지 못했다. 절망적이었다. 나는 언젠가 툭 건들이면 눈물이 쏟아질 것 같은, 벼랑에 선 위태로운 나무였다.

  나에게도 백조의 여름이 온 거야. 내가 생각했다. 겨울같이 외롭고 차가운 여름이 온 거야.

  억눌린 숨들은 다른 곳에서 터져 나왔다. 바로 번역이었다. 지금 생각하면 그 통로가 나나 주변 사람들을 상처 주는 것이 아닌, 그저 번역이었다는 것이 감사하다.
  15살이 된 나는 이제, 14살의 내가 "백조의 여름"을 번역하던 것과 사뭇 다른 태도로, 말하자면 마치 내 인생을 바꿔줄 최후의 주문을 걸 듯 번역을 하기 시작했다. 그 해에 "백조의 여름"만 일곱 번 정도 번역했다. 그 책이라도 번역하다 보면 내 삶이 조금 더 나아져 있을 거라고. 책이 나에게 기운을 나눠줄 거라고 믿었다. 그렇게라도 믿지 않으면 버틸 수 없는 해였으니까.

나도 사라처럼 되게 해줘. 나도 변하게 해줘. 백조들이 다시 날아가 나의 머리맡으로 사라지기를, 나도 사라처럼 다시 괜찮아지기를. 빌고 또 빌었다. 텍스트를 보고 또 보면 언젠가 그 순간이 올 것이라 믿었다. 행복을 수집하는 것과 같았던 나의 번역은, 검고 추악한 강박 속에서 가쁜 숨을 내쉬는, 지친 뱀의 숨구멍 같이 변해 있었다.

하지만 "백조의 여름"만으로는 성에 차지 않았다. 나는 구할 수 있는 대로 Betsy Byars의 책들을 모았다. 그녀의 모든 책을 산 건 아니었지만 그래도 꽤 많은 권수였다.
⟨The Midnight Fox⟩, ⟨The Computer Nut⟩, ⟨The SOS File(이 책은 마찬가지로 작가가 된 그녀의 두 딸과 함께 쓴 책이었다)⟩, ⟨The 18th Emergency⟩, ⟨The Not-Just-Anybody Family⟩, ⟨The Night Swimmers⟩, ⟨The Pinballs⟩, ⟨The TV Kid⟩, ⟨The Cracker Jackson⟩, ⟨The Cybil War⟩, ⟨Goodbye, Chicken Little⟩, ⟨Me, Tarzan⟩, ⟨Keeper of the Doves⟩, 그리고 그녀의 에세이 ⟨The Moon and I: Betsy Byars⟩까지.
미친 듯이 읽었고 미친 듯이 번역했다. 이러다간 죽을 지도 모른다는 생각이 들 때마다 컴퓨터 전원을 켜고 모니터만 바라보았다. 번역할 때만큼은 괴로움과 자책이 있던 자리에 문장들이 들어찼다.

  2부는 그렇게 번역과 함께 겨울나기를 했던 시간에 대한 이야기이다.

크래커 잭슨

　　　　　　　　Betsy Byars의 다양한 책들을 접하게 되면서, 밝고 경쾌한 줄만 알았던 그녀가 겨울을 닮은 어두운 책도 상당 수 집필했음을 알게 되었다. 작가의 새로운 면을 발견한 것이다. 그중에서도 〈Cracker Jackson(이하 "크래커 잭슨")〉은 매우 그녀의 책 중 가장 어둡고 무거운 분위기의 책이다.

　주인공 이름은 제목에도 나와 있듯 잭슨. 11살 소년이다. 잭슨의 엄마는 스튜어디어스인데, 남편과 이혼한 뒤에 자신이 출장을 간 사이 아들 잭슨을 돌봐줄 보모를 구하게 된다. 그렇게 만난 보모가 바로 앨머다. 앨머는 아주 순수하고 따뜻한 영혼의 소유자로, 잭슨과 같이 장난을 치다가 잭슨 엄마에게 둘이 함께 혼나기도 한다. 이처럼 아이 같은 성격의 앨머는, 냉정하고 엄격한 잭슨의 엄마와 매우 대조된다. 잭슨은 엄마를 대신해 자신의 눈높이에서 자신을 돌봐주는 앨머과 깊은 유대를 쌓아가고, 때로는 엄마보다도 앨머를 더 좋아하는 것처럼 보일 정도로 앨머를 진심으로 사랑하고 걱정한다. 제목 '크래커 잭슨'에서 '크래커'는 앨머가 잭슨을 부르는 애칭을 뜻한다.

그러던 어느 날, 앨머는 돌연 일을 그만두고 잭슨과의 연락도 피하기 시작한다. 앨머가 일을 그만둔 날로부터 얼마 지나지 않아 잭슨에게 "다시 찾아오지 마. 안 그럼 그가 널 죽일 거야."라는 의문도 쪽지가 도착한다. 잭슨은 앨머에게 무슨 일이 생겼음을 직감한다. 왜냐하면 앨머는 아주 무섭고 폭력적인 남편, 빌리 레이와 함께 살고 있기 때문이다.

잭슨은 엄마에게 가서, 앨머에게 무슨 일이 생긴 걸 수도 있다고 말해보지만, 엄마는 남의 사생활을 함부로 판단할 수 있는 게 아니라고 딱 잘라 말한다. 하지만 잭슨의 불안감은 점점 커지기만 한다. 결국 잭슨은 자기 친구 고트를 앨머 집에 보내, 앨머 상태를 살피게 한다. 고트는 모금중인 척 위장을 해서 앨머를 만나는 데에 성공한다. 그런데 앨머의 얼굴에 큰 멍이 나있다. 이를 본 고트가 소식을 잭슨에게 전해준다. 이야기를 들은 잭슨은 끈질기게 앨머에게 연락을 취하고, 결국 앨머는 모든 사실을 털어놓는다.

앨머의 남편 빌리 레이는 앨머와 오랜 연애 끝에 결혼을 했다. 그런데 어느 날, 빌리 레이는 자기가 응원하던 스포츠

팀이 졌다는 이유로 화가 나 술을 퍼먹고는 앨머를 때린다. 그러곤 머리를 식힌다며 집을 나갔다가 한참 후에 되돌아왔다. 그때쯤 술이 깬 빌리는 앨머에게 무릎 꿇고 사죄한다. 그러면서 앨머에게 용서해달라고, 자신을 떠나지 말아달라고 사정한다. 그 모습을 본 앨머의 머릿속에, 연애 시절 다정하던 빌리의 모습이 스쳐간다. 결국 앨머는 그를 용서해주게 된다.

그로부터 얼마간 빌리는 다정하게 굴지만, 결국 또 자기 심기를 건드리는 일이 생기면 술을 마시고 앨머를 때린다. 그 뒤에는 또다시 애걸복걸 사죄하고, 앨머가 그런 빌리를 용서하고. 그렇게 폭력은 반복된다. 시간이 흐를 수록 빌리가 앨머를 때리는 주기는 점점 더 짧아지고, 폭력은 일상화된다.

폭력으로 점철된 삶 속에서 앨머의 유일한 숨구멍은 바비인형 모으기와, 자신이 세상에서 가장 사랑하는 존재인 딸 니콜을 돌보는 일이다. 앨머는 빌리에게 맞으면서도, 제발 갓난아기 니콜만은 건들이지 말아달라고 빌며 빌리의 주먹을 모두 자신이 감당한다. 그렇게 앨머 나름대로 니콜을 보호하기 위하여 최선을 다하지만, 날이 갈수록 남편의 폭력과 통제는 더 심해진다. 빌리는 앨머가 외출을 핑계로 도망가버릴 거란 생각에, 앨머의 외출부터 심지어 잭슨네 집에 일하러 가는 것까지 사사건건 참견한다. 또 앨머와 오랜 시간을 함께 보내며 앨머가 애정을 쏟는 잭슨까지 탐탁치않게

여긴다. 그 사실을 알게 된 앨머가 잭슨을 보호하기 위해 일을 그만었던 것이다. 또 잭슨에게 수상한 쪽지를 보낸 것도 앨머였다. 앨머는 잭슨이 혹여나 일을 그만둔 자신을 만나고 싶어 집에 찾아왔다가, 잭슨이 빌리에게 해코지를 당할까봐 걱정했었다. 그래서 잭슨에게 겁을 줘서라도 집에 오지 못하게 하기 위해서 쪽지를 보낸 것이다.

 모든 사실을 알게된 잭슨은 앨머를 그 집에서 구해낼 방법을 고민하기 시작한다. 일단 남의 일에 함부로 참견할 수 있는 게 아니라며 선을 그은 엄마에게 말할 수는 없다-어차피 엄마는 잭슨을 이해해주지도 않을 거다. 그럼 아빠에게 도움을 청해야할까? 잭슨은 아빠와 자주 전화로 연락을 하지만, 아빠는 이혼 후 멀리 떨어져 살고 있는데다 맨날 시시한 농담 따먹기나 해대는 걸 고려하면 별 도움이 안 될 것같다.
 그의 아빠가 얼마나 진중하지 못하냐면, 한참 엄마의 항공사에 대량 해고 이야기가 돌 때 불안해하는 아내에게 농담이나 해대는 그런 인물이었다. 스스로도 자신의 농담을 제어하지 못하는 것처럼 보일 정도다. 잭슨 엄마와 아빠가 이혼한 것도 아빠의 과도한 농담과 실없는 성격 때문이었다.
 잭슨은 다음으로 경찰에 신고하는 방법도 고민해보지만, 앨머가 일이 커지길 원치 않는다는 것을 알고 있다. 결국 잭슨은 혼자 힘으로 앨머를 구하기로 결심한다.

잭슨은 친구 고트를 설득하여, 엄마가 출장 간 사이 앨머 구출 작전을 세운다. 이들이 세운 작전이라 함은, 잭슨이 엄마 몰래 외할아버지에게 배운 운전 실력을 바탕으로, 엄마가 제일 아끼는 차를 몰래 빼다가 앨머와 은밀히 정한 약속 장소에서 앨머를 태우고 도망치는 것이다. 고트도 이 작전에 동의한다. 둘은 차에 베개를 몇 겹이나 얹고 차에 오르고, 몇몇 위기를 가까스로 넘기며 시내로 나간다. 앨머는 미리 약속한 대로 남편을 속이고 니콜과 함께 쇼핑몰에 나와 있었다. 잭슨은 무사히 앨머를 태우는 데까지 성공한다.

  하지만, 차를 타고 가던 앨머는 끊임없이 속으로 갈등을 겪는다. 그녀는 자신의 폭력적인 남편 빌리가 무서우면서도, 그가 평소에는 아주 다정한 사람이며 자신을 사랑하고 있다고 생각하고 있었다. 폭력을 휘두른 직후 유지되는 빌리의 이중적 태도 그리고 지속되는 폭력이 앨머의 판단력을 마비시킨 것이다. 또한 앨머는 빌리는 어려서 자신 역시 아버지의 폭력에 시달리면서 컸다는 사실을 알고 있었고 그것이 가정폭력의 이유가 되어줄 수 없음에도 남편에게 깊은 연민을 느꼈다. 그런 남편을 '버리고 도망치고' 있다는 생각에 앨머는 엄청난 죄책감과, 빌리에 대한 동정심을 느낀다. 앨머는 그것이 도망도, 버리는 것도 아니며, 자신과 딸이 폭력으로부터 당연히 구출되어야 하고 그 관계를 끝내야만 한다는 생각을 하지 못한다. 결국 앨머가 말한다.

"내려줘, 크래커."

잭슨은 앨머를 설득해보려 한다. 그러나 앨머는 남편에게 돌아가겠다고 단호하게 말한다. 잭슨은 강제로라도 앨머를 구해내야 한다고 느끼면서도, 그러한 강제적인 태도가 빌리 레이와 별 다를 바 없을 수 있다는 생각에 괴로워한다. 고뇌하던 잭슨은 결국 앨머를 갓길에 내려준다. 고트와 잭슨만 태운 차가 힘없이 집으로 돌아온다.

책에서는 한 바탕 모험 이후 잭슨이 느끼는 무력감, 분노, 사랑하는 사람을 지켜내지 못했다는 슬픔이 생생하게 표현되어 있다.

그런 잭슨의 상황을 알 리가 없는 아빠는, 그날 오후 또 다시 전화를 걸어 전화로 농담 따먹기나 해댄다. 결국 잭슨은 화를 참지 못하고 고함을 지른다. 마냥 철없는 사람인 줄만 알았던 잭슨의 아빠와, 전화를 지켜보던 엄마는 이례적인 아들의 행동에, 무슨 일이 있다는 것을 직감한다.

엄마아빠는 끈질기게 잭슨에게 무슨 일이 있냐고 물어보고, 결국 잭슨은 자초지종을 털어놓는다. 빌리 레이의 가정폭력, 앨머의 상처, 앨머가 남긴 쪽지, 친구 고트의 방문, 잭슨과 고트가 엄마 자동차를 훔쳐 앨머를 데리러 갔던 일, 하지만 앨머는 결국 니콜과 함께 빌리에게 돌아가고 말았던 일까지…. 묵묵히 이야기를 듣던 잭슨의 엄마는 잭슨이 직접 차를 끌고 고속도로를 달렸다는 걸 듣고서야, 잭슨이 앨머를 얼마나 사랑하는지를 이해하게 된다.

 잭슨의 이야기를 들은 엄마는 앨머네 집에 전화를 건다. 그런데 수화기를 들고 있던 엄마가 갑자기 밖으로 달려 나간다. 그러곤 잭슨에게 한 마디 설명도 없이, 곧장 차를 몰고 어딘가로 향한다. 잭슨은 앨머에게 무슨 일이 생겼음을 직감하고 곧장 앨머네로 향한다. 그리고 그곳에서, 앨머의 이웃집 사람들이 두런두런 모여있는 모습과, 창 넘어로 온 사방에 쏟아져 있는 앨머의 바비 인형들을 보게 된다.

 일은 이렇게 된 것이다: 앨머와 니콜이 늦게나마 집에 돌아왔지만, 이미 남편 빌리가 먼저 집에 돌아와 있었고, 그들이 집을 나간 것이라 생각한 빌리는 앨머를 구타하기 시작했다. 빌리는 니콜에게까지 손을 댔다-아기를 번쩍 들었다가, 그대로 바닥에 떨어뜨린 것이다. 앨머는 니콜을 지키기 위해 몸부림치지만 빌리의 폭력은 멈추지 않는다. 결국 앨머와 니콜 모두 정신을 잃는다. 이 사건으로 앨머는 갈비뼈와 이빨이 부러지고, 바닥에 떨어진 니콜은 의식을 잃게 된다.
 잭슨의 엄마는 앨머네가 전화를 받지 않자 무슨 일이 생긴 것이라 판단했던 것이다. 제 시간에 달려간 잭슨의 엄마 덕에 불행 중 다행으로 남편 빌리는 가정폭력범으로 체포된다.

병원에서 의식을 되찾은 앨머는, 자신의 선택이 잘못되었다는 것, 가정 폭력은 결코 사랑이 아니며, 빌리는 절대 변할 수 없다는 것, 자신과 아이를 위해서 집을 나와야 했다는 것, 잭슨의 말을 들어야 했다는 것 모두를 인정한다. 다행히 앨머는 일찍 의식을 되찾지만, 아기 니콜은 그때까지도 의식을 되찾지 못하고 있었다. 앨머와 잭슨은 간절히 니콜이 건강해지기를 기도한다.

다행히 그 기도는 이루어진다.

퇴원한 이후 앨머는 가정폭력 상담도 받게 되고, 아기 니콜과 함께 휴가도 떠난다. 무엇보다 사랑이라 착각했던 남편과, 또 남편의 폭력과 영영 이별한다. 앨머는 휴양지에서 잭슨에게 자신의 회복된 일상과, 엄마와 잭슨에 대한 감사를 표하는 편지를 보내온다.

잭슨 역시 일상으로 돌아온다. 몇 가지 변화가 있다면, 우선 잭슨의 아빠가 엄마를 자주 찾아오게 된 것이다. 아마 잭슨에게 더 많은 보살핌이 필요한 것 같다고 판단한 것이리라. 또 한 가지 변화는 잭슨의 성장이다.

잭슨이 앨머에게 거의 집착에 가까운 애정을 보였던 이유는, 부모의 부재 속에서 자신의 유년기를 지탱해준 유일한 인물이 바로 앨머이기 때문이다. 그런데, 앨머와의 분리에서 시작해 앨머와 재회하기 위해 시작되었던 여정은 역설적으로 다시 한 번 앨머와 분리되면서 끝이 난다. 하지만 그에 대한 잭슨의 태도가 다르다. 소설 초반부에서 잭슨은 어떻게든 앨머를 만나려 하고, 앨머를 보지 못하자 지나칠 정도로 불안해했다. 그러나 소설 후반에서의 잭슨은, 다시 한 번 앨머와 헤어지면서도 진심으로 앨머를 응원하고 앨머의 선택을 이해해주게 된다. 이는 잭슨이 유년기에서 벗어나, 자신의 성장을 수용할 수 있을 만큼 성숙했음을 암시한다고 생각한다.

내가 "크래커 잭슨"을 인상 깊게 읽었던 이유는 여러 가지가 있다.

첫째로 어린 잭슨이, 스스로의 힘으로 앨머를 구출하는 과정을 그리고 있어서였다. 잭슨이 앨머를 위해 차까지 몰고 나가 그녀를 구해주는 장면은 앨머에 대한 잭슨의 애정과, 그런 사랑하는 사람을 구해내겠다는 잭슨의 의지를 여실히 보여준다.

나는 '좋은' 청소년 성장소설이란, 아이들도 어른만큼의 욕망과 힘과 고민들을 가지고 있고, 능동적으로 행위할 수 있는 존재임을 드러내는 소설이라고 생각한다. 이 책은 가정폭력에서 피해자를 구출하는, 어른들만 할 수 있다고 여겨지는 일을 잭슨이 해내는 모습을 보여줌으로써, 성장소설의 이러한 면모를 잘 드러냈다고 생각한다. 아이들도 어른만큼이나, 때로 어른보다 더, 자신이 사랑하는 존재를 지키기 위해 자신이 할 수 있는 모든 것을 바칠 수 있다는 걸 작가가 이해하고 있다고 느꼈다.

둘째로 이 책에서의 성장의 당사자는 어린이 잭슨뿐만이 아니라는 점이 마음에 들었다. 즉 잭슨 주변의 어른들도 잭슨과 함께 성장한다. 앨머는 뒤늦게 남편의 폭력성을 직시하고, 그저 수동적으로 남편을 따르며 살던 삶에서, 아이와 자신을 위해 스스로 선택하는 삶으로 바뀐다. 그녀는 빌리를 떠나고, 새로운 길을 개척하기 위해 여행도 떠난다. 극도의 폭력을 겪으면서도 바비 인형 모으기 말고는 다른 방도를 생각할 수 없을 정도로 폭력의 굴레에 갇혀있던 앨머가, 이야기 말미에서는 훨씬 성숙한 모습으로 등장하는 건 정말 감동적이다.

잭슨의 엄마도 변한다. 소설 초반부에서 잭슨을 그저 아무것도 모르는 어린 애로만 여기며, 그의 고민을 제대로 들어주지 않았던 잭슨의 엄마는, 아이들이 얼마나 큰 사랑을 품을 수 있는지, 그 사랑을 지키기 위해 얼마나 큰 용기를 발휘할 수 있는지를 배우게 된다. 윌리 고모만큼 깐깐하고 아이들의 이야기를 잘 듣지 않았던 잭슨 엄마가 좀 누그러지는 모습을 보는 것도 매력 있는 포인트이다.

아이와 어른 모두에게서 성장과 변화가 찾아와서일까. "크래커 잭슨"을 번역하면서 스토리의 입체감을 잘 느낄 수 있었다.

끝으로 '청소년' 소설에 가정폭력이라는 매우 무거운 주제를 들고 왔다는 점도 주목할 만하다. '아이들', '청소년'이라는 영역을 순수한 성역으로 만들지 않고 그들이 겪는 여러 고민과 고뇌들이 사회적 문제 및 폭력과 맞물릴 수밖에 없음을 Betsy Byars는 보여주었다. 책은 폭력에 노출된 여성이 왜 계속해서 가장에게 종속되어 있을 수밖에 없는지, 폭력 피해를 입고도 왜 가장에게 양가적 감정이 유지될 수밖에 없는지, 가정 폭력 피해자의 다층적인 서사를 아주 섬세하게 표현하고 있다. 이 소설을 읽는 사람들이 폭력이 재생산되는 과정과 그 심각성을 알게 되는 것만으로 의미 있을 것이라 생각한다.

그러나 이 소설이 폭력을 다루고 있다는 것 이상으로 중요한 점은, 폭력의 당사자가 아니라 '외부인', 그리고 그 '외부인'들의 연대를 통해 폭력의 고리가 끊기는 장면을 그리고 있다는 점이다. 고작 11살짜리 주인공이 주변인들(친구, 엄마, 가정폭력 상담사 등)의 도움을 통해 결국엔 앨머를 구해낸다. 나는 이러한 설정이 적어도 책을 읽을 사람들로 하여금, 그 사람이 아이이든 어른이든 간에, 폭력과 폭력의 해결을 상상하는 방식을 넓혀줄 수 있다고 믿는다. 누군가는 소설이 너무 '비현실적'이라고 말하겠지만, 사실 이러한 폭력에의 대응과 해결이 '현실'이 되어야 하는 게 아닐까?

§

"백조의 여름"이 풍경과 여름 분위기의 묘사에 탁월하다면, "크래커 잭슨"은 인물들의 심리 묘사에 보다 집중된 책이다. 특히 어른에게 쉽사리 도움을 청하지 못하는 상황에서 어떻게든 일을 해결해보려 하는 아이의 고뇌와 불안이 잘 녹아들어 있다. 잭슨의 내적 고민들은 빌리의 폭력과 함께 책의 긴장감을 끌어나가는 주요 요소이다. 때문에 번역을 할 때에도 인물들의 심리와, 그 심리의 정당화를 담당하는 인물들의 성격을 잘 드러내기 위해 최선을 다했다.

 사랑하는 존재를 찾기 위해서라면 물불 가리지 않는다는 점에서 잭슨과 사라는 닮은 구석이 많다. 때문에 번역을 할 때 있어서도, 잭슨이라는 인물의 캐릭터성을 파악하기가 쉬웠다. 고트라는 인물은 "크래커 잭슨"을 번역하며 만난 또 다른 매력이었다. 영화 속 미워할 수 없는 감초캐릭터가 딱 고트의 역할이기 때문이다.

 오히려 캐릭터 설정을 고민했던 이들은 잭슨의 부모님과 앨머였다. 앨머는 단순히 착한 걸 넘어서, 살면서 사기를 100번 정도는 당해봤을 것 같을 정도로, 지나치게 순진한 인물이다. 남편 빌리의 끔찍한 폭력 속에서 유일한 소일거리로 바비 인형을 모으는 모습이나, 잭슨을 돌봐줄 때 거의 잭슨의 눈높이에서 함께 노는 장면들을 보다보면 그녀가 딸 니콜보다도 더 어린 아이 같아 보였다. 이처럼 그야말로 눈처럼 깨끗하고 투명한 인물을 상상하기가 어려웠다. 번역을 할 때 말투 등에 있어서도 답답할 만큼 순수한 앨머의 심성이 드러나도록 하기 위해 많이 노력했다.

잭슨의 부모님도 만만하지 않다. 특히 잭슨의 엄마는 아주 복잡한 인물이다. 잭슨을 누구보다 사랑하지만, 잭슨의 어리광이나 장난을 잘 받아주지 않는다. 승무원인 그녀는 일에 대한 자부심과 애정도 크고, 직장에서 일 처리는 누구보다 똑 부러지게 할 것 같은 인물이다. 그런데 그 뻣뻣한 성격이 오히려 잭슨에게는 남모를 외로움을 주고 있다고 느껴졌다. 손님의 말도 안 되는 요구와 소란을 항상 상대해오는 엄마이기 때문에, 잭슨의 어리광도 그녀에게는 아무 소용이 없다. 그럼 잭슨은 금방 고개를 숙이지만, 사실 잭슨이 원했던 게 정말 엄마가 자신의 요구를 들어주는 것이었을까? 그보다는 지리한 어리광의 과정을 받아주고, 그렇게 계속 상호작용하며 엄마의 사랑을 느끼고 싶은 게 아니었을까? 잭슨이 앨머에게 이토록 신경을 쓰는 이유도 엄마가 주지 못하는 온기를 앨머가 주고 있기 때문이라고 생각되었다.

그렇다고 잭슨의 엄마가 윌리 고모처럼 매사에 그저 날 선 인물은 아니다. 처음에 엄마가 앨머에 대한 잭슨의 걱정을 듣고도 선을 그었을지 몰라도, 앨머에게 심각한 일이 일어났음을 직감하고 1초의 망설임도 없이 달려나간 것도 잭슨의 엄마였다. 또 남편과 이혼 후, 철 없는 남편과 거리를 두는 것 같으면서도 여전히 남편에 대한 애정을 품고 있다. 또 비록 자신은 남편과 이혼했을지 몰라도, 잭슨에게는 영향이 가지 않도록 하기 위해 잭슨과 아빠가 꼬박꼬박 통화를 할 수 있도록 만든 것도 엄마이다. 무엇보다 잭슨 엄마는, 표는 잘 나지 않지만, 잭슨을 정말로 사랑한다. 때문에 잭슨 엄마를 마냥 냉정하고 무심한 사람으로만 정리하기는 어렵다. 그보다는 잘 표현하지는 않지만, 누구보다도 속정이 많은 사람에 가깝다.

　잭슨의 아빠는 정말 비현실적인 인물이다. 그는 틈만 나면, 장소와 때를 가리지 않고 농담을 날린다. 일전에도 말했듯 심지어 자기 아내가 해고를 걱정할 때조차 농담을 날렸고 그렇게 참다못한 그녀가 이혼 서류를 내밀게 되었다. 그렇다고 이 잭슨 아빠가 그저 아이보다도 더 철이 없는, 가벼운 인물이냐 하면 그렇게 말하기는 어렵다. 매주 정해진 요일에 아이 목소리를 듣기 위해 빠짐없이 전화를 하며, 잭슨에게 일을 생겼음을 직감했을 때는 정색을 하고 아이에게 무슨 일이냐고 물었다. 잭슨 아빠가 농담을 하지 않은 건 책 속에서 그때가 처음이었다. 이렇듯 잭슨 아빠는 광대 같은 면 뒤에 아이에 대한 깊은 사랑과 아버지로서의 책임감을 가지고 있는 인물이다. 번역을 할 때도 잭슨 엄마, 아빠 캐릭터가 가진 입체성이 최대한 드러날 수 있도록 노력했지만, 잘 되었는지는 확신하지 못하겠다.

§

　사실 "크래커 잭슨"을 번역하기 이전에 "백조의 여름" 바로 다음으로 번역한 건 "The Midnight Fox(시골에서 삼촌

네와 시간을 보내게된 소년이, 아름다운 검은 여우를 보게 된 뒤, 그 여우가 사냥당하는 걸 막기 위해 안간힘을 쓰는 이야기)"였다. 그런데 이 두 책은 너무 서로 비슷했다.

줄거리의 경우 두 책 모두 인생에 따분함을 느끼고, 자신에게 찾아온 변화를 못마땅해하던 아이가, 어떤 계기로 인하여 자신이 아끼는 존재를 지키기 위해 노력하게 되고, 그 과정에서 성장한다는 이야기를 담고 있다. 계절도 비슷하다. "백조의 여름"의 경우 여름이라는 계절이 상징적일 수밖에 없기 때문에 여름에 대한 풍경 묘사가 아주 세밀하고, "The Midnight Fox"의 경우 주인공이 애초에 시골 마을에 가있다는 설정이기 때문에 역시나 자연에 대한 묘사가 두드러진다. 또한 두 책에서 아주 못된 주인공이 등장하지도 않으며, 사람에 의해 극의 긴장감이 고조되지는 않는다. 그래서 나는 작가의 책이 다 비슷한가보다 하고 생각했었다.

하지만 "크래커 잭슨"을 보고서 그 편견이 완전히 깨졌다. 극 전체의 긴장감이 "백조의 여름"보다 훨씬 크고, 빌리 레이나 앨머를 비롯해 이전까지 보지 못했던 입체적 인물들이 등장하며, 스토리의 밀도가 훨씬 높다. '이 작가가 이런 책도 쓸 수 있구나.' 그런 생각을 참 많이 하며 번역했던 책이다.

만약 이 책을 번역하지 않았다면 나는 Betsy의 책을 거의 다 번역하지는 않았을 것 같다. 〈The Midnight Fox〉에서 느낀 실망감이 꽤 컸기 때문이다. 하지만 "크래커 잭슨"은

Betsy가 보여줄 수 있는 문학적 지평이 꽤 넓다는 것, 그래서 그녀의 다른 책들을 읽어볼 의미가 있고 새로운 번역의 매력을 느낄 수 있을 것이라는 걸 알게해주었다.

비둘기 파수꾼

⟨Keeper of the Doves(이하 "비둘기 파수꾼")⟩는 "백조의 여름" 다음으로 많이, 자주 번역했던 책이며, Betsy Byars의 작품 중 두 번째로 가장 좋아하는 책이다.

"비둘기 파수꾼"은 아주 독특한 목차 구성을 가지고 있는데, 총 26개의 챕터의 제목 각각에 A부터 Z까지 알파벳이 순서대로 들어간다. 예를 들어, Chapter 1. A for Amen(아멘의 'A'), Chapter 2. The Bellas and the Parts of the Dogs(벨라 자매와 개들) 이런 식이다. 이 책이 이렇게 알파벳이나 단어에 집중하는 이유는 주인공과 관련이 깊다. 주인공은 아주 어려서부터 취미로 시를 썼고 틈틈이 새로운 단어들을 공부하는 인물로 등장하기 때문이다.

챕터 제목들은 이런 주인공의 문학 및 운율, 어휘에 대한 관심을 대변해준다.

책 소개부터 해보자면 시대적 배경은 1890년대 말부터 1900년대 초반, 공간적 배경은 미국의 한 마을. 주인공 이름은 아멘 맥비Amen McBee. 아멘네 집안은 "맥비" 성씨 이름으로 가게나 사업장이 몇 개나 있고, 아버지 알버트씨가 현재 가업들을 관리하고 있다. 덕분에 아멘은 비교적 유복한 집에서 자란다.

그런데 아멘이라는 이름이 좀 특이하다. 아버지가 직접 지어준 이름인데, 기도 뒤에 붙이는 그 "아멘Amen"이 맞다. 막내딸에게 이런 말도 안 되는 이름을 지어주게 된 사정은 다음과 같다:
아멘의 아버지는 자기 가업을 이을 수 있는 아들을 보고 싶어 했지만, 첫째 딸을 포함해서 내리 딸만 넷 태어났다. 그러다 다섯째마저 딸로 태어나버렸다. 원래 알버트씨는 딸들의 이름을 항상 A로 시작하는 예쁜 이름들로 지어주었는데(첫째 딸 애비게일Abigail, 둘째 딸 어거스타Augusta, 쌍둥이 자매 아나벨라Annabella와 아라벨라Arabella), 다섯째마저 딸이 태어나자 정성스럽게 딸 이름 지어줄 마음이 사라져버렸다. 그래서 제발 딸이 그만 태어나라는 항의 비슷한 기도의 뜻으로 "아멘!"이라고 이름 붙이게 된 것이다. 우리나라로 치면, 5, 60년대 딸이 태어났을 때, 마지막으로 태어난 딸이길 바란다는 의미로 지어준 '막녀'와 비슷하리라. 남편의 괴상한 작명을 그저 듣고만 있을 수밖에 없었던 아멘의 엄마는, 아멘을 꼭 안아주며, "대신 애칭을 에이미라고 부를 게."하며 아기를 위로해주었다.

 자기 출생에 얽힌 일화를 아멘 스스로도 알고 있기 때문에 아멘은 아버지를 몹시 어려워한다. 아멘의 아버지 앨버트는 아주 엄하고 무뚝뚝하다. 하지만 그렇다고 그저 가부장적이기만 한 인물은 아니며, 책을 읽다보면 그가 아내와 딸들을 사랑하고 있음을 느낄 수 있다. 집에 돌아오는 길에 어느 향수 가게에 들렀다가, 자신의 아내 이름이기도 한 "릴리"가 적힌 향수를 사서 아내에게 선물하기도 하는, 의외로 아주 다정한 면모가 있다. 또한 그는 자신의 집안에 강한 소속감과 어린 시절에 대한 향수를 지닌 감성적인 인물이기도 하다. 마냥 엄격하고 냉정해 보이는 그의 취미도 의외로 문학 읽기이다. 여러 가지 책도 수집하고, 시에 대한 관심도 많아서 좋아하는 시인들의 시를 외우기도 한다.

 한편 아멘의 어머니 릴리는 자상하고 온화한 성격으로, 무서운 아버지와 달리 딸들을 따듯하게 감싸준다. 잦은 출산 때문인지는 모르겠으나, 몸이 약해 자주 침실에 있고, 때문에 남편의 걱정을 산다.

 그 외 인물로는 아멘의 언니들과 폴린 고모, 그리고 외할머니가 있다. 할머니는 아멘의 어머니처럼 온화한 성격의 소유자로 특히나 똑똑하고 착한 아멘을 몹시 아낀다. 또한 아멘을 자꾸만 괴롭히는 아나벨라와 아라벨라 자매를 마음에 들어 하지 않는다. 아멘의 어머니 앞에서 대놓고 "벨라 자매들이 아멘에게 나쁜 물을 들인다."고까지 말하기도 한다.

 아멘의 위로는 네 명의 언니가 있다. 첫째 아비게일은 아멘에 따르면 '언니들 중 가장 예쁘고 아주 사랑스러운 성격의 소유자'로, "백조의 여름"에서 완다 언니와 비슷하다. 아비게일에겐 결혼을 약속한 애인도 있다. 둘째 어거스타는 언니들 중 가장 성숙하고 똑 부러지는 성격으로, 〈작은 아씨들〉에 등장하는 첫째 메그를 떠올리게 한다. 왠지 사라가 자라면 어거스타가 되어있을 것만 같다. 어거스타는 아멘과 같이 단어 놀이를 하거나, 피아노를 치며 노래를 들려주는 등, 언니들 중에서도 아멘과 가장 유대감이 강해 보인다. 그 다음으로 쌍둥이 자매 아나벨라와 아라벨라, 이른바 '벨라 자매'가 있다. 이들은 그야말로 통제 불능이다. 아버지를 무서워하면서도 자주 아버지 말을 어기고, 심술쟁이 폴린 고모를 놀리기도 한다. 또 가장 막내에다가, 태어나자마자 아버지에게서 거부당했던 아멘을 아주 만만하게 여긴다. 동시에 벨라자매는 마냥 애물단지 취급을 받는 자신들과 달리, 고작 두 살 차이지만 조숙한 성격 탓에 더 사랑을 받는 아멘을 질투한다. 그래서 괜히 아멘을 겁주거나, 아멘의 말실수를 두고 끈질기게 꼬투리를 잡는 등으로 아멘을 곤란하게 한다. 엄한 아버지조차 벨라 자매를 완전히 통제하지는 못한다.

폴린 고모 역시 아멘네 집에 같이 살고 있다. 그녀는 윌시 고모만큼이나 신경질적이다. 또 죽은 옛 애인을 잊지 못해 그의 머리칼을 잘라 목걸이로 만들어 항상 차고 있다. 그런 폴린 고모와, 어린 시절 추억을 잊지 못하는 앨버트를 두고서 외할머니는 "맥비네 집안은 과거가 아니라 미래로 눈을 좀 돌려야 해."라고 툴툴대곤 한다. 폴린 고모는 또한 이상한 미신에 상당히 집착한다.

지금까지 아멘네 가족을 소개해보았다. 하지만 책의 가장 핵심적인 인물은 따로 있으니, 바로 토민스키씨다.
집안사람 중에서 그에 대해 잘 알고 있는 사람은 아멘의 부모님뿐이고, 그와 말을 섞는 이는 아멘의 아버지가 유일하다. 그런데 토민스키씨는 창문에서 몰래 아이들을 지켜보다가 말없이 사라지고, 까닭 없이 비둘기를 몰고 다니는 아주 수상한 인물이다.

바로 이 토민스키라는 존재가 "비둘기 파수꾼"만의 독특한 분위기를 만든다. 책을 읽는 내내 곧 토민스키씨로 인해 어떤 불길한 일이 일어날 것만 같은 느낌이 든다. 불길하고, 섬뜩하다. 아직 어린 아이인 아멘의 눈에서 사건이 전개되고 따라서 주어지는 정보들도 한정적이기 때문에, 토민스키를 둘러싼 극의 긴장감이 배가 된다. 이 책은 그 서스펜스와 독특한 분위기 때문에 번역을 하게 된 케이스에 가깝다.

나는 토민스키씨가 등장하는 장면들을 볼 때마다, 특유의 섬뜩한 분위기로 많은 팬들을 모았던 스톱모션 호러 애니메이션 〈코렐라인〉이 연상되었다. 〈코렐라인〉에 보면 묘기 부리는 러시아 남성이 등장하는데, 그 사람은 피부는 초록색이고 눈은 퀭하며 배는 볼록한데 팔다리는 거미처럼 빼빼 말랐다. 토민스키씨를 상상하다보면, 배만 좀 홀쭉하게 들어간 그 광대 아저씨에서 배만 좀 홀쭉하게 들어가, 딱 그 모습이 상상된다. 헐렁한 양복이 가는 팔다리 때문에 펄럭일 것이고, 그 가벼운 몸으로 조용히 풀을 밟으며, 몰래 아이들을 한 번씩 지켜보다가, 눈이 마주치면 씩 웃고는 어디론가 가버린다. 눈은 어딘가 퀭하고 핏기 없는 피부에 주름도 제법 파였을 것 같다. 아멘을 향해 이를 드러내며 웃었을 때, 앞니는 모두 빠져 있고, 이빨 뿌리는 누렇고, 악의는 없지만 그럼에도 묘한 괴리감이 그 미소에 베여있을 것이다.

앞서 말했지만 토민스키씨가 맥비씨네 집안 녹을 먹으면서 하고 있는 일은 명확하지 않다. 기껏해야 비둘기 키우기가 다다. 때문에 아멘의 할머니는 토민스키씨를 계속 곁에 두려 하는 사위를 이해하지 못한다.
토민스키씨를 경계하는 건 할머니뿐만이 아니다. 폴린 고모 역시 '아무 일도 하지 않으면서 밥을 축내는' 토민스키씨를 몹시 못마땅해 하고, 앨버트 앞에서 토민스키씨 흉을 보다가 제지되기도 한다. 아멘의 큰 언니 둘도 토민스키씨를 무서워한다.

그도 그럴 것이, 그는 보통 가족에게 모습을 드러내지 않기 때문이다. 어쩌다 마주쳐도 수상한 몸짓으로 다시 숲 속으로 사라지며, 먼저 말을 거는 일도 없다. 그가 한 번 시익 웃은 적이 있는데, 앞니가 빠진 채 웃고 있는 그 토민스키씨의 얼굴이 너무 무서워서 아멘은 한동안 악몽에 시달리기까지 한다. 아버지가 토민스키씨 흉을 보는 걸 좋아하지 않기 때문에 딸들은 그에 대한 이야기를 하지 않는 걸 불문율처럼 지키지만, 그럼에도 다들 마음 한 구석에 그에 대한 두려움과 경계심을 가지고 있다.

토민스키씨를 가장 싫어하는 건 바로 벨라 자매다. 아멘에게 토민스키씨에 대한 이야기를 지어내며 겁을 주는 것도 늘 벨라 자매다. "토민스키 아저씨가 널 잡아먹을 거야!" 아버지가 토민스키씨를 방해하지 말라고 단단히 일러둔 걸 알면서도, 이들 자매는 어떻게든 토민스키씨의 비밀을 캐보려 애쓴다. 아멘은 벨라 자매의 말에 말려드는 것이 싫지만, 스스로도 토민스키씨가 무서운 사람일 수 있다는 의심을 버리지 못한다.

어느 날, 아멘의 어머니가 새 아이를 임신한 지 얼마 되지 않았을 무렵, 미신을 좋아하는 폴린 고모가 꿈을 꾸었다면서, "이 집안에서 누군가 죽을 징조야!"라는 불길한 예언을 한다. 이때부터 집안에는 묘한 기운이 감돈다. 벨라 자매는 만약 집안에서 살인이 일어난다면 그건 토민스키씨의 짓일 거라고 수군댄다. 그 말을 들은 아멘의 두려움은 날이 갈수록 커져간다. 토민스키씨는 과연 좋은 사람일까? 아니면 누군가를 죽이고서 제 이름의 고향으로 도망가 버릴까?

§

이야기의 배경은 대략 1900년대. 여덟 살 아멘은 엄격한 아버지, 큰 언니 둘, 말썽꾸러기 벨라 자매, 자상한 어머니 그리고 예민한 폴린 고모와 함께 살고 있었다. 아멘이 태어나자마자 아버지에게 외면당하는 장면으로 이 소설이 시작한다.

그런 아멘이 처음으로 아버지의 사랑을 느끼게 된 사건이 있으니, 바로 아멘이 여섯 살이던 때에 시를 쓰려고 아버지 서재에 몰래 들어갔다가 책상을 어지럽힌 일이다. 아멘의 아버지는 딸들이 자기 물건을 마음대로 건드리는 것을 좋아하지 않는다. 특히 서재는 금지 구역이다.

아멘의 아버지는 여러 가업들을 관리하기 때문에 서재는 중요한 집무 공간이며, 1900년대는 지금보다 책이 훨씬 귀할 때였고, 아버지가 수집한, 가죽 껍질로 만들어진 양장본

들이 가득한 방이니만큼 아멘의 아버지가 딸들을 절대 들이지 않는 것도 이해할 법한 일이다.

 하지만 어린 아멘은 아버지의 경고를 어기고 서재로 들어간다. 아멘은 그곳 책상에 앉아 시를 쓰려 해보는데, 그만 잉크통을 쏟아 책상을 엉망으로 만든다.
 외출했다가 돌아온 아멘의 아버지는 어지러워진 서재를 보고서 딸들을 불러 모으고, 손에 잉크가 묻어있는 아멘을 따로 남겨 혼내기 시작한다.

 문이 닫히자, 아빠는 내게로 눈을 돌렸다.
 "뭘 하려던 건지 들어나 보자꾸나."
 아빠의 머리 뒤로, 할아버지의 초상화가 보였다. 그림 속 할아버지는 아빠랑 꼭 닮은, 딱딱한 표정을 하고 있었다.
 "저는 그러니까…" 나는 그만 말끝을 흐렸다.
 "크게 말해! 대체 뭔 짓을 하고 있었던 거냐? 아빠 책상 위에 물건은 절대 건들이지 말라고 분명 말했을 텐데. 대체 뭐가 그렇게 중요했어? 대체 뭘 했었냐고? 말해!"
 "시를 쓰려구 했어요."
 "뭘 쓰려고 했다고?"
 "시요."
 아빠 표정이 퍽 당황한 듯했다. 그림 속 할아버지

는 여전히 정색을 하고 있었다.

"너 몇 살이지, 아멘?"

"여섯 살이에요, 아빠."

"글 읽을 줄 아니?"

"네, 아빠."

"글씨 쓸 줄도 알고?"

"네."

"시라는 게 어떤 거지?"

"별로 안 긴 글이에요."

"물론 그렇지만, 긴 시들도 있단다. 어디 한 번 들어보자꾸나."

나는 내 시를 읊었다.

"계속 해봐. 다음 줄이 뭐니."

"이게 다에요."

"운율이 없잖니, 아멘. 시에는 운율이 있어야 해."

그러곤 아빠는 당신이 제일 좋아하는 시를 읊어주었다.

그가 굽은 손을 맞부딪히네.
외로운 황무지, 태양 가까이 서서
푸른 하늘 아래 그가 서 있네.

그의 아래로 주름진 바다가 넘실대네

산에 서서 그 모습을 바라보다
그는 번개처럼 몸을 내리꽂네.

"테니슨은 독수리에 대해 시를 쓴 거야."
"저두 알아요."
"아빠는 시란 이런 거라고 생각한다."
"저두에요."
아빠는 한숨을 내쉬었다.
"이리 오렴."
아빠는 나를 무릎에 앉혔다.
"어쩌면, 시가 꼭 운율이 있을 필요는 없을지도 모르지. 아빠도 전문가는 아니니까."
아빠가 책상에 손가락을 튕겼다.
"그러니까, 시를 쓰려 했단 말이지."
"네, 아빠."
"이제 이해가 좀 되는 구나. 아빠가 좀 도와줄까?"
"네, 아빠."

아빠가 종이 한 장을 꺼냈다. 그리곤 내 손을 겹쳐 잡았다. 아빠와 나는 함께 펜을 들고, 함께 잉크통에 잉크를 찍고, 함께 글씨를 써내려갔다.

시란
낱말의 정원.

> "그러곤 여기 밑에다가 이름을 쓰는 거야."
> 아멘 맥비.
> 아빠가 나에게 시가 적힌 종이를 건네주었다. 그러곤 주머니에서 시계를 꺼냈다. 이제 그만 나가 봐도 좋다는 신호였다.
> (p.23-24)

 길게 인용을 했는데, 그만큼 이 대목이 보여주고 있는 바들이 많다고 생각해서이다.

 첫 번째로 이 대목은 아멘의 아버지가 어떤 인물인지를 잘 제시해주고 있다. 아이들이 자기 물건을 함부로 건드리는 걸 몹시 좋아하지 않는 걸로 보아 그는 정리정돈에 있어 예민한 편이고, 아멘을 혼낼 때 고함을 치는 걸 보면 매우 엄한 성격이다. 하지만 동시에 아멘이 시를 쓰려 했다는 말에 곧바로 화가 풀리는데다가, 방금 전까지만 해도 혼내던 아이를 무릎에 앉혀 아멘이 쓰려 했던 시를 함께 옮겨 써주기까지 하고, 좋아하는 시들을 외우고 다닐 정도로 문학적이다. 즉 그는 마냥 엄숙한 표정 너머로 표현은 하지 않지만 막내딸에 대한 사랑과, 문학에 대한 애정을 지닌 인물인 것이다.

 두 번째로, 이 장면은 아멘과 아멘의 아버지 간의 관계와 그 변화를 집약적으로 보여준다. 아멘의 아버지는 원래 아멘의 탄생을 그리 반기지 않았다. 하지만 여섯 살이라는 어린 나이부터 시를 쓰려고 했던 아멘이 아버지에게는 점점 달리 보이기 시작했을 것이며, 실제로 이 "시"라는 존재는 엄한 아버지와, 태어난 순간부터 거부당한 상처를 지닌 아멘이 유대감을 쌓아하는 다리가 되어준다.

이 사건 이후로 아버지는 아멘이 시와 문학에 대해 지닌 재능을 알아봐준다. 그래서 책을 읽다가 신기한 낱말을 보면 아멘에게 이야기해주고, 공부방 구석에 아멘 키에 맞는 작은 책상을 따로 만들어주기도 한다. 이 소설의 첫 사건이 아멘이 태어난 날 이야기인 만큼, 이러한 아멘과 아멘의 아버지 간 관계의 변화는 아멘의 성장에 있어서도 중요한 부분을 차지한다.

다시 책 줄거리 소개로 넘어가자.
아버지에게 혼날 뻔했던 일도 무사히 지나가고, 서술 시점도 다시 여덟 살의 아멘에게로 돌아온다.
마냥 평화로워 보이는 맥비 집안 사람들에게 마음 한 구석 그늘이 자리해 있으니, 바로 토민스키씨였다. 요리사도 아니고, 청소를 하는 것도 아닌 그에게 아버지가 살 곳과 먹을 것을 제공해주는 걸 아멘의 엄마를 제외한 모두가 의아해한다. 말은 않지만 그가 단지 의아할 뿐 아니라 무섭기도 하다. 아멘은 토민스키씨를 정말 두려워한다.

그런데 어느날, 아멘이 토민스키씨의 진실을 알게 된다.

벨라 자매와 아멘이 숨바꼭질 놀이를 하던 날이었다. 그런데 술래가 된 벨라 자매 중 한 명이 토민스키씨를 흉내 내며, 이에 검은 종이를 덧대고, 무시무시한 웃음을 지으며 방 안을 돌아다녔다. 그리고 그 모습을 그만 아버지에게 걸리고 만다.

아멘의 아버지는 한 사람을 웃음거리로 만드는 짓은 절대로 하면 안 된다며 딸들을 꾸짖는다. 그러면서 이렇게 덧붙인다. "그는 우리 집안의 일원이다. 게다가 톰씨는 내 목숨을 구해준 적도 있는 은인이야."

아멘은 처음 듣는 이야기였다. "무슨 일이 있었던 거에요, 아빠?" 아멘이 묻는다. 그러자 아버지가 답한다.

"너가 알고 있는 줄 알았는데."

"아니에요, 아빠."

"하지만 너희 둘은 알고 있었지." 아멘의 아버지는 벨라 자매를 한 번 쏘아보며, 톰씨와 얽힌 이야기를 들려준다.

아멘의 아버지가 젊었을 적, 사냥은 절대 혼자 해선 안 된다는 할아버지의 말을 어기고 홀로 사냥을 나간 적이 있었다. 이웃집의 펜스를 넘고 있던 순간, 아멘의 아버지 총이 오발되었고 그의 어깨에 총탄이 박혔다. 당시 기차역 쪽에 있던 톰씨는 총 소리와 아멘 아버지의 비명을 듣고는, 헐레벌떡 현장으로 달려와, 쓰러져있는 그를 발견하고는, 약 5km 정도 떨어져 있던 맥비 가문의 집까지 그를 들춰 업고 걸었다. 그리곤 현관에 그를 뉘이고, 문을 두드린 뒤, 누군가 나오는 것까지 확인하고는 홀연히 사라져 버렸다. 나중에 할아버지가 토민스키씨를 찾아냈고, 그가 오래된 예배당에서 은신하고 있다는 것을 알게 되었다. 아버지가 딸들로 하여금 그 예배당에 절대 가지 못하도록 하는 것도, 토민스키씨가 편히 생활할 수 있도록 하기 위해서였다. 할아버지는 자신의 아들을 구해준 은인인 토민스키씨를 보살펴줄 것을 유언으로 남겼고, 아버지도 할아버지의 뜻을 지키기 위해 그에게 먹을 것과 입을 것들을 제공하고 있는 것이었다. 그러면서 아멘의 아버지가 말한다.

"톰씨가 아니었다면, 나는 그 자리에서 죽었을 거다. 너희들 다 태어나지도 못했겠지. 우리 모두, 토민스키씨에게 빚지고 있는 거야."

그 이야기를 듣고서, 아멘은 아버지가 다른 가족들의 경계심과 두려움에도 불구하고, 왜 토민스키를 감싸주는지 이해하게 된다. 아버지에게 토민스키씨는 단순한 일꾼이 아니라, 진정 가족이자, 은인이며, 친구였던 것이다.

하지만 벨라 자매는 아버지의 이야기를 다시 한 번 듣고도, 아버지가 자리를 뜨자마자 아멘에게 궁시렁거린다.

"그래도 난 여전히 그 사람이 싫어. 그 사람은 뭐랄까- 제정신이 아니잖아."

이후로도 벨라 자매는 아멘에게 토민스키씨가 어린 아이

들을 먹어 치운다느니 하는 이야기를 하며 겁을 준다. 그러던 어느 날, 아멘은 말로만 듣던 토민스키씨를 직접 보게 된다.

창문 너머로 조용히 집 안을 들여다보다가, 아멘과 눈이 마주치자 앞니 없는 빈 잇몸을 드러내 보이며 씩 웃음 짓는 그 모습. 퀭한 눈 밑과, 짐승의 털처럼 짙은 눈썹. 아멘은 그 모습을 보고 '피가 얼어붙는 것만 같았다'. 심지어 그날밤 악몽까지 꾸게 된다. 아버지의 이야기를 듣고도 아멘은 토민스키씨가 그저 무섭기만 하다.

하지만 토민스키씨에 대한 아멘의 생각이 바뀌게 된 일이 일어난다.

하루는 아멘은 언니 아비게일과 놀다가, 잠깐 딸을 보러 찾아온 외할머니가 아멘의 어머니와 실랑이하는 소리를 듣게 된다. 바로 토민스키씨에 대한 것이었다. 외할머니는 '대체 비둘기 파수꾼이 무슨 일이냐'면서, 집안에서 아무 일도 안 하는 토민스키씨를 대체 왜 곁에 두는 건지 이해할 수 없고, 그가 정말 '위험하지 않은 게 맞냐'고 까지 말한다. 아멘의 어머니는 톰과 남편 사이의 일화를 누구보다 잘 알고 있기에 그런 식으로 말하는 건 옳지 않다며 말리지만, 외할머니는 기필코 제 눈으로 직접 토민스키씨를 봐야겠다고 한다. 그러고는 아멘와 아비게일에게, 토민스키씨가 있는 곳으로 데려다 달라고 부탁한다.

그렇게 셋은 숲으로 조금 들어가야 있는 오래된 예배당에

도착한다. 그들은 그 예배당 뒤편에서, 토민스키씨를 발견한다.

 그 장면이 아래와 같이 묘사된다.

> 토민스키씨는 우리에게서 등지고 있었다. 나무에는 몇 십마리 쯤 되어보이는 비둘기들이 앉아 있었다. 그가 무어라 알아들을 수 없는 말을 했다. 진짜로 외국어인 건지, 아니면 앞니가 없어 발음을 제대로 못하는 건지 알 수 없었다. 비둘기 한 마리가 그에게로 날아들었다. 토민스키씨 손에는 반짝거리는 뭔가가 들려 있었다. 날아든 비둘기가 그걸 부리로 물어다가 다시 나무로 돌아갔다.
> 그가 다시 한 번 알아들을 수 없는 말을 했고, 또 다른 비둘기 한 마리가 날아 들었다.
> 마침내 나무 한 그루가, 반짝이는 금속 조각을 입에 문 비둘기들로 가득 채워졌다.
> 토민스키씨가 마지막으로 소리쳤다. 그 말에 일제히 비둘기들이 그에게로 날아들었다. 비둘기떼가 그의 머리 위로 원을 그리며 날았다. 금속 조각이 햇빛을 받아 반짝였다. 토민스키씨가 행복에 겨운 목소리로 소리쳤다.
> "히히! 히! 히!" (p.34-36)

이 장면은 번역할 때마다 머릿속에 그림이 그려진다:

 머리맡에서 소용돌이처럼 둥글게 원을 그리며 날아든 비둘기 무리, 그 무리는 비둘기의 깃털과 빛을 받아 반짝이는 금속의 반사광으로 가득찬 모습일 거고, 마치 생일을 맞아 반짝이를 머리 위로 흩뿌려 그 반짝이 조각들이 서서히 내려앉는 걸 쳐다보는 사람처럼, 그 장관의 한 가운데에 토민스키씨가 서 있을 것이다. 그 아름다운 모습을 올려다보는 토민스키씨의 눈에는, 그 광경이 어떻게 보일까? 잎이 큼직한 나무 아래에 고개를 쳐들고 서서, 나뭇잎 사이로 헤집고 들어오는 햇빛, 그 반짝이는 구멍들은 바람에 나뭇잎이 흔들릴 때마다 같이 일렁일 것이고, 아마도 그 모습은 비둘기가 날며 이리저리 위치를 바꿀 때마다 함께 흔들리는 빛과 비슷하지 않을까? 그는 그런 아름다운 모습에 정말 순수하게 웃음 터뜨릴 줄 아는 사람이다.

 토민스키씨를 마냥 못마땅해 하던 할머니는, 토민스키씨의 순수한 웃음을 본 다음부터는 그에 대한 생각을 바꾸게 된다. 할머니는 아멘에게 토민스키씨를 두고 "그는 비둘기 마술사구나."라고 칭찬하기까지 했다. 그리곤 토민스키씨의 그 순수한 모습을 사진으로까지 남긴다. 아멘도 이 일을 계기로 토민스키씨를 바라보는 시선이 달라진다. 그는 정말로, 마냥 아이 같이 순수한 사람이었던 것이다. "크래커 잭슨"의 앨머처럼.

며칠 뒤, 아멘은 벨라 자매로부터 엄마가 자신을 부른다는 걸 알게 된다. 아멘은 무슨 일이냐고 묻지만 벨라 자매는 말할 수 없다며 또 다시 아멘을 겁준다. 아멘은 자신이 언니랑 같이 토민스키씨를 보러 가서인가 싶어 잔뜩 겁을 먹지만, 아멘의 어머니는 전혀 다른 소식을 전한다. 어머니가 아이를 가진 것이다! 아멘의 어머니는 아멘이 모르고 있었는지 몰랐다며, 일주일이나 이주일 후쯤엔 아이가 태어날 것이라고도 말해준다. 그러면서 배에 손을 얹어보게도 해준다.

얼마 지나지 않아 아멘네 가족에게 또 다른 변화의 바람이 찾아온다. 폴린 고모가 어느 날 아침, 자신이 무덤에 서 있는 꿈을 꾸었다며 심각한 표정으로 이야기한다. 폴린 고모는 여러 미신을 믿는 편이었는데, 아비게일이 그 꿈이 무슨 뜻이냐고 묻자 옆에서 듣고 있던 요리사가 대신 답한다.
"누군가가 죽을 거란 뜻이야."

뒤늦게 거실에 들어와 소식을 들은 아버지는, 폴린 고모에게 아내한테 괜한 말 해서 걱정시키지 말라며 입단속을 시킨다. 하지만 집안에는 이미 불길한 기운이 감돌기 시작한다. 아멘은 엄마 뱃속에 있을 자그마한 아기를 떠올린다.

다행히도, 아멘의 남동생은 아주 건강하게 태어난다. 아멘의 어머니도 무사하다. 아멘의 아버지는 드디어 아들을 본 기쁨에 눈물을 흘린다. 무의식적으로 아들에게 더 많은 사랑이 쏠릴까봐 섭섭해 하던 아멘도, 동생을 안고서 그 천사 같은 얼굴을 마주했을 때, 동생을 진심으로 사랑하게 된다. 모든 게 완벽했다. 불길했던 생각들도 모두 가셨다. 아멘은 역시 폴린 고모의 걱정은 괜한 것이었다며 마음을 놓는다.

 그러나 비극은 끝내 그들을 찾아온다.
 아멘은 벨라 자매들과 숨바꼭질 놀이를 하다가, 마당에 쓰러진 개 스카웃을 발견한다. 가쁜 숨을 내쉬며 일어나지를 못하는 스카웃 옆구리에는, 피가 덩어리져 있다. 겁에 질린 아멘이 가족들을 부르고, 밖으로 나와 사태를 파악한 아버지는 딸들을 집 안에 들여보낸 뒤, 총으로 스카웃을 쏴 개가 고통 속에서 고문당하듯 죽지 않게끔 하늘로 보낸다. 자매들은 어린 시절부터 함께 자라온 개의 죽음에 눈물을 흘린다. 말썽꾸러기 벨라 자매들조차도.
 아멘의 어머니는 요리사에게, 딸들을 위해 맛있는 간식을 만들어달라고 부탁하고, 침울해진 딸들은 부엌으로 내려간다. 아버지는 개가 말에 치여 죽은 거라고 알려준다. 그런데 벨라 자매가 아멘을 불러 세우고, 말한다.
"우린 누가 스카웃을 죽였는지 알고 있어."
"누군데?"
"토민스키씨야!"

 벨라 자매는 아멘과 아비게일이 토민스키씨가 사는 예배당에 가보기 한참 전부터, 이미 아버지 말을 어기고 몰래 그곳을 몇 번 갔었다. 토민스키씨를 감시하기 위해서였다. 하루는 이 벨라 자매가 개 스카웃과 함께 예배당으로 갔다. 여느 때처럼 토민스키씨가 비둘기들을 날리자, 신난 스카웃이 그쪽으로 뛰어갔는데, 개를 본 토민스키씨가 스카웃을 발로 차버렸다는 것이다. 그러고는 한 번 더 개를 차려 하는데, 벨라 자매가 튀어 나왔고 토민스키씨는 그 길로 새장을 챙겨 달아났다고 한다. 벨라 자매가 토민스키씨를 그토록 미워하고, 스카웃이 토민스키씨만 보면 으르렁거리는 것도 그 일 때문인 것 같았다.

아멘은 그 말을 듣고서, 스카웃의 옆구리에 있던 핏덩이를 떠올린다. 정말 토민스키씨가 스카웃을 죽인 걸까? 벨라 자매의 말을 쉽게 믿지 못하는 아멘에게, 벨라 자매가 결정적인 사실을 말한다.

아버지는 마당에 쓰러진 스카웃을 보고서, 딸들에게 곧장 집으로 들어가라 일렀다. 그러나 벨라 자매는 아버지 말을 어기고 스카웃을 자세히 살폈고, 스카웃의 갈비뼈쪽에 발로 차인 듯한 상처가 나 있었고, 특히 사람 신발에서만 나올 수 있는 줄 자국이 나있었다고 말한다. 아멘의 머릿속은 혼란으로 가득 찬다. 비둘기를 날려 보내며 아이처럼 미소 짓던 토민스키씨의 모습. 하지만 확실히 아멘이 본 상처도, 절대 말에게 차여서 생길 수가 없는 상처였다. 토민스키씨가 신은 커다란 검은 장화가 떠오른다. 혼란 속에서 스카웃의 사건이 마무리된다.

다시 며칠 후. 맥비네 집안에 막내아들이 태어났다는 소식을 듣고서, 아멘 어머니의 오빠, 윌리엄 외삼촌도 찾아온다. 그날 밤 외삼촌, 그리고 자매들이 모두 별을 구경하러 앞마당에 나간다. 윌리엄 삼촌은 아이들에게 별자리에 얽힌 이야기들을 들려준다. 그런데 그때, 벨라 자매가 끼어들어 큰 소리로 말한다.

"토민스키씨가 우리네 개를 죽였어요!"

그 목소리를 듣고 아멘의 아버지가 집밖으로 나왔다. 하지만 이미 때는 늦었다. 벨라 자매가 더욱 목청껏 말한다.

"토민스키씨가 스카웃을 죽였어요. 그 사람이 발로 찼다구요. 스카웃 옆구리에 있는 그 사람 신발 자국을 똑똑히 봤어요. 토민스키씨는 살인자에요! 토민스키씨는 살인자라구요!"

토민스키씨는 가족들에게서 멀찍이 떨어진 곳에 앉아, 함께 별을 구경하고 있었다. 그런 그가 바로 앞에서 살인자라는 소리를 들어버린 것이다. 아멘의 아버지가 다가와 벨라들을 제지했지만, 토민스키씨는 허겁지겁 도망을 가버리고 만다.

다음 날 저녁. 보안관이 그들의 집에 찾아와 비보를 전한다.

토민스키씨가 사망한 것이다.

보안관의 말에 따르면, 토민스키씨는 기차에 몰래 뛰어들려 한 것으로 보인다. 그러다가 그만 기차에 치여 죽은 것이다.

며칠 뒤, 폴린 고모의 끈질긴 반대에도 불구하고, 아멘의 아버지는 맥비 집안 가족묘에 토민스키씨의 자리를 만든다. 그리고서 그를 위한 조촐한 장례식을 치른다. 언니 아비게일과 어거스타는 토민스키씨를 위해 노래를 불러주고, 아멘의 어머니는 토민스키씨가 남편에게 얼마나 소중한 존재였는지 알기에, 남편을 걱정하며 연신 눈물을 흘린다. 아멘은 자신이 직접 지은 시를 토민스키씨의 묘를 향해 읊어 준다. 아멘은 처음으로 아버지가 흐느끼는 모습을 본다.
  묘 근처 나무에 비둘기들이 앉아 있다. 아버지는 이제 너희 주인은 돌아오지 않을 거라며, 집으로 돌아가라 손짓한다. 그 모습에서 나는, 백조가 다시금 제 집으로 돌아가던 "백조의 여름" 마지막 장면이 떠올랐다.

장례를 마치고 돌아오는 길, 아멘은 아버지에게 토민스키씨에게 왜 기차에 뛰어들려 했는지, 왜 도망치려 했을지 묻는다.
아버지는 토민스키씨가 원래 폴란드 사람이었으며, 으레 미국에 오는 폴란드 이민자들이 그렇듯 광산에서 일자리를 구해보려고 미국 켄터키로 왔었다고 말한다. 그런데 그가 일하던 광산에서 살인이 일어났고, 어쩐 일인지 그가 1급 용의자로 몰리게 된다. 그래서 그는 경찰의 수사망을 피해 시골인 맥비 집안네 땅으로까지 오게 된 것이었다. 아이같이 순수하고 어딘가 어눌한 구석이 있는 폴린스키씨는 사실 매우 착하고 마음 따듯한 사람이었고, 익히 알 듯 아멘의 아버지를 구해주었다. 그 일의 계기로, 토민스키씨는 맥비 집안의 지원을 받아 생활하게 된다.

맥비씨네 영지에서 편안한 생활이 이어졌지만, 그럼에도 토민스키씨는 경찰들이 언제든 자신을 잡으러 올지도 모른다는 생각에 항상 불안에 떨었다. 그래서 낯선 사람이 오면 무조건 몸을 숨겼고, 절대로 사람이 많은 읍내를 가지 않았다. 때문에 그는 생활에 있어 하나부터 열까지 모두 아버지에게 의지하고 있었다. 토민스키씨가 스카웃을 발로 찼던 것도, 생전에 자신을 쫓아오던 경찰견들의 모습이 트라우마로 남아있어서였다.

별을 보러 온 가족들이 나왔던 날, 벨라 자매가 "살인마 토민스키씨!"라고 소리치는 소리를 듣고서, 토미스키씨는 끝내 경찰들이 다시금 자신을 쫓아온 것이라 착각을 했던 것이다. 그래서 그는 몰래 기차를 타고 도주를 하려다가 그만 변을 당한 것이다.

이야기를 다 들은 아멘은 토민스키씨를 회상한다. 비둘기를 키우며 활짝 웃던 토민스키, 사진을 찍을 때 미소지어보이던 토민스키, 별을 보던 밤 황급히 도망치던 토민스키…. 아멘은 태어나 처음 경험한 죽음과, 존재의 부재를 느끼며 이렇게 말한다.

  "저, 이제 더는 어린애가 아닌 것 같아요."

  자신의 유년시절의 큰 부분을 잃어버린 아버지도 대답한다. "아빠도 그렇단다. 아빠도."

  토민스키씨의 죽음 이후로 2년이라는 시간이 흐른다. 이제 열 살이 된 아멘은 가족의 지원 하에 더욱 열심히 시를 쓰고, 첫째 언니는 애인 라머와 결혼식을 올릴 준비를 한다. 아빠는 평소 벨라 자매가 명석한 아멘에게 안 좋은 영향을 끼친다며 불평했던 외할머니의 말에 수긍하게 된 건지, 아니면 벨라 자매가 토민스키씨의 죽음의 발단이 된 일 때문인지는 몰라도, 벨라 자매를 사립기숙학교에 보내버린다. 이제 열 살이 된 아멘은 종종 막내동생, 아담에게 이런 저런 단어를 가르쳐준다. 아멘은 꽃을 꺾어 들고, 한 손에는 동생 아담의 손을 잡고서, 가족묘로 향한다. 그곳엔 토민스키씨의 묘석도 있다.

안톤 토민스키.
비둘기 파수꾼.
1899년 8월 11일에 세상을 떠나다.

아멘은 문득, 나중에 토민스키씨에 대해서도 시를 쓰겠노라 결심한다. 그러고는 아담의 손을 잡고 가족묘를 나온다. 아멘의 오랜 선조들, 그리고 토민스키씨가 묻힌 그곳을 뒤로 한 채. 아멘은 할머니의 말대로 '과거가 아닌 미래를 향해 고개를 돌린다'. 그러면서 이야기는 끝이 난다.

§

 이 책을 번역할 때 주안점을 두었던 부분들 중 하나는 "백조의 여름"과 마찬가지로 인물들의 성격을 파악하고 이를 고스란히 옮겨내는 것이었다. "비둘기 파수꾼"에서 역시 인물들의 성격에 대한 직접적인 서술은 잘 등장하지 않고, 그들의 행동이나 말에서 성격을 유추해야 한다. 때문에 사소한 대사 하나까지도 해당 인물의 이미지를 구축하는 데에 있어서 아주 중요한 퍼즐 조각이 된다. 그래서 번역을 할 때 훨씬 더 섬세할 수밖에 없었다.
 앞에서 인용했던 부분들로 예를 들어보겠다. 아멘이 아버지 서재에 마음대로 들어갔다가 혼이 나는 부분, 기억나는가?

> 아빠의 머리 뒤로, 할아버지의 초상화가 보였다.
> 그림 속 할아버지는 아빠랑 꼭 닮은, 딱딱한 표정이었다.

"저는 그러니까…" 나는 그만 말끝을 흐렸다.

저 '단호한 표정'부터가 어려웠다. 원서에는 "stern face"이라고 적혀 있는데, "stern"은 외양과 성격을 모두 표현하는 단어이다. 물론 여기서는 "face"라는 단어를 수식하고 있으니 외양에 대한 묘사이겠지만, "stern"이 주는 어감 자체가, 그런 표정을 하고 있는 인물이 아주 근엄하고, 단호하고, 엄격한 성격의 소유자라는 인상을 함께 풍긴다. 외양으로서의 "stern"은 '단호한, 굳은, 근엄한' 정도로 번역될 수 있다.

그런데 "stern face"를 단지 "단호한 표정"이라고 번역하기에 아쉬운 것이, 이 "stern face"라 함은 입꼬리가 딱딱하게 굳어있는, 미동도 없는 표정을 이미지화하게 하기 때문이다. 그래서 단지 "단호한 표정이었다"이라고 하기보다는, "입꼬리가 굳어있었다" 정도로 상술하고 싶었지만 너무 길어진 것 같아서 그만두었다. "단호한"보다 외양을 더 잘 표현하는 단어는 "굳은 표정"일 것이다. 하지만 원서에서의 "stern"과 달리 "굳은"이라는 말은 성격에 대한 묘사에는 쓰일 수 없다.

그렇다고 "근엄한 표정"이라고 하기에는, 아버지가 제 딸 앞에서 위엄을 세우거나 하는 건 아니고, 또 "근엄하다"는 게 풍채를 나타낼 수는 있어도 화가 머리끝까지 나 있는 아버지의 감정을 드러내기에 적합한 말은 아닌 것 같았다. 그래서 고민 끝에 "딱딱한" 정도로 바꾸었다. "굳은 표정"과 비슷하지만, 그래도 "굳은" 보다는 아멘 아버지의 평소 성격을 표현할 수 있고('딱딱한 성격'), 그러면서도 "굳은"이 전달하는 외양적 묘사도 놓치지 않기 때문이다.

너무 고민한 거 아니냐고 할 수도 있겠지만, 저 "stern face"는 단순히 아멘의 아버지의 표정을 서술하는 게 아니다. '할아버지와 꼭 닮은' 표정을 하고 있다는 말이 괜히 나왔겠는가? 아멘의 아버지와 할아버지의 초상화를 교차시켜 표현하는 건, 결국 아버지가 표정뿐 아니라 그 엄한 성격 자체를 할아버지로부터 전해 받았다는 걸 암시한다. 맥비 집안의 이야기는 책에서 결코 작지 않은 비중을 차지하고 있고, 따라서 할아버지의 성격까지 간접적으로 제시하는 저 대목을 소홀히 번역할 수가 없었다.

"저는 그러니까…"도 수정을 거친 부분이다. 원서에는 "I was trying…"이라고 적혀 있다. 아멘이 아버지에게 자신이 서재에 있었던 이유를 설명해보려다가, 아버지가 너무 무서워서 말을 흐리는 장면이다. 저 "I was trying"을 그대로 번역하면 "제가 하려던 건…" 정도가 될 것이다.

그런데 아멘은 여덟 살의 어린 나이다. 그런 아이가 "제가 하려던 건…"이라고 말하는 건, 지나치게 서술적이어서 어색한데다가 어른의 말투를 빌린 것 같았다. 꼭 상사에게 혼나고 있는 사회 초년생 말투 같다. 물론 여덟살 중에서도 "제가 하려던 건"이라고 말하는 아이들이 있을 수는 있겠지만, 혼나는 상황에서 그렇게 조목조목 주어 서술어 다 지켜가며 말할 수 있을까 싶다. 그래서 "저는 그러니까" 정도로 고쳤다. 어딘가 기가 죽어 있고, 동시에 의식하지 않아도 말투가 귀여울 수밖에 없는 아멘의 모습을 살리고 싶었다.

또 한 가지 번역을 하며 아쉬웠던 부분은 뒤에 이어지는 아버지의 질문들에 아멘이 "네, 아빠."하고 답하는 장면이다. 책에서는 "Yes, papa"라고 답하는데 그게 너무 귀여웠다. Papa는 영어로 아빠 정도에 해당하는 "dad"보다도 더 어린아이들이 쓰는 구어다. 발음을 해보면 알겠지만, 입술을 모았다가 펼치며 뻐끔거리기만 하면 "papa"라고 말할 수 있다-아기들이 익히기 쉬운 "아빠" 단어인 것이다. 한국으로 치면 아기들이 막 옹알이를 시작할 때쯤, 내뱉듯 말하는 "아바-"와 또박또박 발음한 "아빠" 그 사이 어디쯤 있는 말과 같달까. 말끝마다 꼬박꼬박 "papa"를 붙이는 아멘이 귀엽기도 하고, 또 그만큼 아빠를 무서워하고 있다는 게 드러나서 안쓰럽기도 했다. 그런데 이런 "papa"를 "dad"와 마찬가지로 그냥 "아빠"정도로만 옮길 수 있어서 아쉬웠다. 그렇다고 "빠빠"라고 옮길 수도 없는 노릇이니. 대신 "저도요, 아빠"가 아니라 "저두요, 아빠"로 번역하는 등, 다른 부분에서 최대한 아멘의 나이와, 말에서 묻어나는 성격이 드러날 수 있도록 노력했다.

두 번째로 신경 썼던 부분은 바로 시 번역이다.

나는 아멘이 괜히 시를 쓰는 아이로 설정된 게 아니라고 생각한다. 분명 아멘이라는 인물에게는, 작가 자신이 투영되어 있다. 나는 Betsy가 작가로서의 정체성을 아멘에게 부여함으로써, 작가들만이 가진 시선과 감수성을 표현하고 싶었다고 생각한다.

실제로 작가들만이 갖고 있을 것 같은 '별난' 취미들이 아멘에게 한껏 반영되어 있다. 가령 신기한 단어를 배우면 무조건 외운다던가, 주변 사물이나 인물들을 유심히 바라보며 깊은 생각에 잠긴다거나, 그들을 바탕으로 시를 구상한다던가, 어떤 단어를 보고서 다른 단어와 운을 어떻게 맞출지 고민한다던가…. 시를 쓰는 건 그렇다 쳐도 적어도 내 친구 중에 신기한 단어 외우기가 취미인 친구는 한 명도 없었다. "취미가 뭐예요?"라고 물었을 때 "진기한 단어 찾기예요!"라고 답할 사람이 얼마나 될까. 작가들만이 품을 수 있는 열정이리라.

좀 더 멋대로 상상해보자면, 나는 아래에 나오는 아멘의 시가, 작가가 어린 시절 혹은 작가 생활을 하면서 찾아냈던, 본인에게는 아주 벅차고 흥미로운 발견이지만 남들에게는 시시껄렁한 글귀에 지나지 않는 무언가라고 생각한다.

    Put an o into bat,
    You get boat.

"bat박쥐"에 "o"를 집어넣으면
"배boat"가 된다네.
Put an o into flat,
It will float.
"납작float"에 "o"를 집어넣으면,
그 배는 떠오르겠지("float")! (p.38)

작가가 배와, 배가 떠오른다고 할 때의 boat와 float의 운율을 맞춘 데다가, 배 밑면이 편평하다flat는 걸 고려하면, 모든 행들이 "배"와 연결됨으로써 꽤 체계적인 말장난을 만들어낸 게 틀림없다. 이런 낱말놀이나 운율을 좋아하는 사람들이라면 아주 들뜰 만한 시이다. 하지만 누군가에겐, 어디 메모장에나 있을 법한 걸 왜 꺼냈냐고 핀잔 받을 수도 있는 글이다. 그래서 은근히 아멘의 시라는 핑계로, 구석에 간직하고 있던 시들을 꺼내 보인 건 아닐까. 그럼으로써 쉽게 공감 받지는 못한 단어에 대한 찬탄, 문학에 대한 열정을 작가가 아멘을 통해 내보이고 싶었던 건 아닐까. 마치 근사한 유머를 생각해냈는데, 마땅히 쓸 상황이 없어서 수첩에 적어놓고 때를 기다리는 싱거운 친척 어른처럼. 그녀가 평소에 글을 쓰는 스타일, 즉 이야기들의 조각 조각을 모아두었다가 이야기를 쓸 때 그 조각보를 꿰매듯 글을 쓰는 스타일을 감안하면, 완전히 나의 상상이지는 않을 듯하다.

작가 자신이 단어와 시, 문학에 대한 애정을 극중 인물에게 투영한 작품이니만큼, 이야기 전체를 번역하는 과정이 정말 까다로웠다. 작 속에는 아멘의 시뿐 아니라 언니들이 부르는 노래들도 등장하는데, 그것들 모두 영어에서만 구현될 수 있는 운율을 가지고 있다. 애초에 위에서 소개한 시에서, "배"와 "떠오르다"는 운율이 전혀 맞지 않는다.

시나 노래까지 가지 않더라도, 챕터 제목부터가 고역이다. 전에도 말했지만, 챕터 제목에는 알파벳을 이용한 말장난이 있다. "A for Amen"(아멘의 'A'), "the Bellas(벨라 자매)", "Children!(얘들아!)" 등으로 이어지는 챕터 제목은 A-B-C의 순서를 가지고 있는데, 이걸 번역으로 살려내기란 정말 쉽지 않고 결국 주석을 덧붙여야만 한다. 이처럼 "비둘기 파수꾼"에는 오로지 영어만으로 표현되는 시적 문학성이 있고, 그 부분들을 번역으로 옮겨내기가 정말 어려웠다.

그래도 할 수 있는 대로 운율을 살려보려고 애를 썼다. 가령 아멘이 아버지에게 소개했던 자신의 첫 번째 시, "시란 / 낱말의 정원"도 놀랍게도 수정을 거친 번역이다. 원서에는 "A poem is / a garden of words"라고 쓰여 있다. 물론 운율이 있는 시는 아니지만, 그래도 나름 's'로 끝나지 않는가? 이걸 처음에는 "시란 / 낱말의 정원이라네."라고 번역했다. 하지만 그러면 끝 글자 운율이 전혀 맞지 않았다. 그래서 "-ㄴ"으로 종결될 수 있도록 '라네'를 빼버렸다. 또 번역을 할 때 각운은 맞출 수 없더라도, 각 행 중간에 들어가는 단어들이 서로 비슷한 자음으로 시작하게 할 수는 없을

지 고민하면서 번역을 했다.

　세 번째로 신경 썼던 부분은 바로 제목이었다. "keeper of the doves"를 뭐라고 번역해야 할까? "zookeeper동물원 사육사"처럼, "비둘기 사육사"나 "조련사"라고 번역해야할까? 하지만 토민스키씨는 단지 비둘기를 '사육'하거나 '훈련'하는 게 아니라, 비둘기와 진정으로 교감하는 인물이며 그만큼 순수한 사람이다. 이러한 그의 심성을 '사육사', '조련사' 같은 말로 드러낼 수 있을지 다소간 의문이 들었다. 물론 현실에서의 사육사분들이나 조련사분들은 동물을 진심으로 사랑하고, 동물들과 어려서부터 교감하시지만, 그럼에도 어감 상 사육은 지나치게 관리적이고, 조련은 통제적이고 일방적인 느낌을 준다. 그래서 "파수꾼"이라는 말이 더 낫겠다고 결론 내렸다. 적어도 "파수꾼"은 "사육사"나 "훈련사"보다는, 함께 비둘기들과 시간을 지내며 비둘기를 지켜주는 존재로서, "keeper"가 쓰인 그 어감을 전달해준다고 판단했기 때문이다.

　마지막. 번역을 할 때 가장 주안점을 두었던 건 바로 이 책의 독특한 분위기를 전달하는 것이었다. "비둘기 파수꾼"의 배경 자체가 20세기로 설정된 데다가, 주인공 아멘은 Betsy Byars가 만든 인물들 중 가장 자전적인 인물이다. 그녀 역시 20세기에 어린 시절을 보냈으므로, 그녀의 어린 시절부터 하여 20세기 시대감각이 책 곳곳에 묻어있다.

이 책의 주제의식이 '성장'에 맞춰져 있다는 건 Betsy Byars의 여느 소설과 다름이 없다. 표면적인 줄거리는 토민스키씨를 둘러싼 미스터리이지만, 보다 깊게는 자신의 존재 자체를 부정했던 아버지와의 유대를 회복하고, 시를 통해 태어나자마자 좌절된 자신의 존재 의미를 구축해나가며, 토민스키씨로 상징되는 유년 시절의 막연한 두려움들을 극복하고, 아멘의 성장을 방해했던 벨라 자매에게서 벗어나는 것까지. 아멘이 어떻게 성장하고, 자신만의 자아를 확립하게 되는지 섬세하게 포착한 작품이다. 특히 아멘이 '과거가 아닌 미래를 향해 고개를 돌렸다.'고 말하는 장면은, 인생을 계단에 비유하며 마지막에 '파티 준비를 하러 자리를 박차고 일어난' 사라의 모습과 정말 많이 겹친다.

 하지만 그럼에도 이 "비둘기 파수꾼"은 "백조의 여름"과는 다른 성격의 성장담이다. 사라가 사랑을 통해 성장을 해냈다면, 아멘은 토민스키씨의 죽음과, 새싹과 같이 돋아나려 애쓰는 저를 덮고 있던 흙, 즉 벨라 자매로부터 벗어남으로써 성장을 해낸다.

 혹시 스티븐 킹의 단편선 〈스탠 바이 미〉를 읽어본 사람이 있을까. 책 속 여러 이야기들 중에서 가장 좋아했던 단편은, 같은 이름의 "스탠 바이 미"이다. 주인공은 고딘이라는 소년인데, 가난한 마을에서 태어나 꿈도 희망도 없이, 불량하고 무기력한 아이들과 어울리며 실없는 짓들을 하고 다닌다. 그런 고딘에게 한 가지 다른 점이 있다면, 그가 소설을 쓴다는 것이다. 하지만 고딘은 자신의 주변 친구들과, 어른들의 말대로, '내가 무슨…'이라며 소설가의 꿈도 접고 공부도 하지 않는다. 그야말로, '오늘만 산다.'

  그런데 무리에서 함께 어울렸던 크리스가, 어느 날 고딘에게 성을 낸다. 계속 그렇게 살 거냐고. 왜 너가 가지고 있는 능력을 보지 못하느냐고. 왜 소설을 더 쓰지 않으며 지레 그만 두냐고. 왜 우리가 아무 것도 하지 못할 것이라는 어른들의 말에 스스로 수긍하며, 어른들을 그렇게 허락해주느냐고. 인생 끝나도록 저런 새끼들(무리의 다른 아이들)과 어울릴 거냐고, 그렇게 마약하고 당구나 하다가 죽을 거냐고. 이 일로 고딘은 크리스와 함께 공부를 하기 시작한다. 가난한 동네지만 둘은 서로 시너지가 되어주며 최선을 다하고 결국 둘 모두 명문대에 진학한다. 명문대에 진학하고 말고가 중요한 게 아니라, 오늘만 살던 고딘이 내일을 꿈꾸고 스스로 무언가를 시도하게 되었다는 게 이 성장의 핵심이다.

  고딘에게 '저런 새끼들', 즉 크리스를 제외한 무리의 두 아이들은 고딘의 숨통을 막고 시야를 가리고 있던 아이들이다. 그 아이들은 크리스와 고딘이 대학에 가고 나서도 여전히 마을에 남아, 여전히 무기력하게 살고 있다. 술을 마시고, 마약을 하고, 당구장에 가면서. 고딘 역시 청소년 시절, 그 친구들을 보며 스스로를 한계 짓는다. 그런 고딘에게 "계속 그렇게 살 거냐"고 물었던 크리스는 어떻게 보면 그

흙을 걷어주었던, 그리하여 고단이 저를 누르던 흙 밖으로 고개를 들 수 있도록 한 존재이다.

비슷한 일화는 또 있다. 〈굿 윌 헌팅〉에서 주인공 윌의 친구 처키는, 자신의 수학적 재능을 알아봐준 교수를 놔두고 허구한날 친구 집에 쳐들어오고 술이나 퍼먹는 친구들에게 돌아온 윌을 보고서 이렇게 말한다.

> "20년 후에도 네가 여기 살면서, 우리 집에 운동경기나 보러 오는 일용직이나 되어있으면, 너를 죽여버릴 거야. (…) 봐, 넌 우리에게 없는 재능을 가졌어. (…) 난 매일 너를 데리러 이 집에 들르지. 같이 놀고 웃고 하는 것도 다 좋아. 근데 내 평생 제일 좋을 때가 언젠지 알아? 내가 차를 세우고, 네 현관까지 가는 그 10초야. 현관을 두드리면, 너가 없을 수도 있기를 바래. 안녕이란 작별도 없이, 너가 떠나있기를."

아주 유명한 장면이다. 처키는 윌의 재능을 알고 있고, 동시에 윌의 철없는 주변인물들이, 또 윌 스스로가 윌의 인생을, 발전을, 성장을 마비시키고 있다는 걸 간파하고 있다. 처키는 윌을 진정한 친구로서 생각하고 있기 때문에, 윌에게 인사도 없이 떠나라고 조언을 해주었던 것이다. 그렇게 계속 약이나 하고 술이나 퍼먹으며 살다가 뒤질 거냐고 고딘에게 물었던 크리스처럼 말이다.

  나는 아멘에게서, 방황하던 고딘과 윌의 모습을 봤다. 이미 나이차가 많이 나는 큰 언니들이나, 딸들을 사랑하지만 어쨌든 아들을 바라고 있는 부모님, 까칠한 폴린 고모에게 기댈 수 없는 아멘은 나이대가 비슷한 벨라 자매 외에는 놀 사람이 없다. 그래서 계속해서 벨라 자매와 어울린다. 스스로 시라는 재능을 가지고 있지만 벨라 자매는 아멘을 끊임없이 한계 짓는다. 그리고 아멘은 벨라 자매가 스스로의 숨통을 막는 것을 허락한다. 자매끼리인데 숨통을 막는다는 건 너무하지 않냐고 생각할 수 있지만, 아멘이 시를 통해 자신의 정체성을 세우려 할 때마다 "아빠가 너 태어났을 때 뭐라 했는지 알아?", "그런 멍청한 시는 써서 뭐하니?"라며 피어나는 꽃을 꺾어버리는 벨라 자매를 보면 내 말을 이해할 수 있을 것이다. 말하자면 윌이 재능이 있든 말든 그저 같이 놀기만 하는 다른 친구들, 혹은 고딘과 알맹이 없는 시간을 보내는 친구들 같은 존재다. 스스로 가진 무력감을, 친구라 부르는 사람에게까지 전하는 존재 말이다.

  벨라 자매가 유독 아멘을 괴롭히고, 아멘의 풀을 죽이는 이유가 아예 없는 건 아니다. 벨라 자매는 어려서부터 부모님의 속을 여러 번 썩혔다. 그에 반해 고작 두 살 차이밖에 안 나는 아멘은 벨라 자매와 달리 아주 얌전하고, 똑똑하며, 심성도 곱다. 또한 시와 소설을 쓰는 덕에 외할머니는 물론

이고 문학을 좋아하는 아버지에게서도 많은 애정을 받는다. 아멘의 어머니는 딸들을 최대한 공평하게 사랑하려 애쓰지만, 그럼에도 남동생을 뱄을 때 아멘에게는 배도 만져보게 해주고, 향수도 뿌려주었던 것과 달리, 벨라 자매들에게는 배를 만져볼 거냐고 묻기도 않았다. 벨라 자매들이 혹여나 질투를 하여 어머니의 배를 손으로 쳐버릴 거라 생각한 것인지는 알 수 없지만, 여하튼 부모님조차 벨라 자매와 아멘에게 쏟는 신뢰의 깊이가 다르다. 그리고 벨라 자매도 이를 어느 정도 알고 있다.

  그렇기에 벨라 자매는 더욱 삐뚤어진다. 아멘에게, 아멘이 태어났을 때 아버지가 딸인 아멘을 인정하지 않았던 이야기를 끊임없이 꺼내고, 아멘의 시가 아주 '멍청'하다고 말하며, 부모님이 벨라 자매에게 해준 이야기 중 아멘도 알아야 할 내용이 있을 때도 절대 아멘에게 공유해주지 않는다. 이들이 아멘에게 토민스키씨가 아빠를 구해준 일을 숨기지 않았더라면, 아멘은 아마 토민스키씨에게 좀 더 빨리 마음을 열었을 것이다. 그들이 가족 속에서 받고 있는 그런 소외감이 토민스키씨에 대한 까닭 없는 미움으로까지 번져간 건 아니었을까 생각한다.

  아멘은 결국 이 철없는 벨라 자매가 죽음이라는 결과까지 몰고 온 것을 봄으로써, 이들과의 마지막 심리적 유대를 놓게 된다. 책에 그렇게 쓰인 건 아니지만 나에게는 그렇게 느껴졌다. 그리고 외할머니 말대로, 진정 자신의 성장을 가로

막고 있는 것이 누구인지도, 아멘은 보게 된다. 그건 아멘의 아버지도 마찬가지였다. 아버지는 벨라 자매의 버릇을 고쳐놓기 위해서, 그들을 읍내 사립학교로 보내버린 것이다. 그리고 그 물리적 격리를 통해 아멘은 좀 더 안정을 되찾게 된다. 고작 두 살 더 먹은 아멘은, 여덟 살의 아멘보다 훨씬 성숙해 있으니 말이다.

이처럼 아멘의 성장기는 조금 더 씁쓸하고, 무거운 구석이 있다. 같은 성장이라는 소재를 다루고 있음에도 "백조의 여름"과 "비둘기 파수꾼", 두 책의 분위기는 매우 대조적이다. 전자가 여름이라면, 후자는 가을과 같달까. 애초에 후자의 표지가 꼭 90년대에 찍어 변색된 누런 흑백사진과 같아서, 더 그렇게 느낀 것일 수도 있다. 어쨌든 어딘가 암울하고, 아릿한 구석이 있는 이 성장기를 번역을 할 때에도 이 책을 감싸고 있는 특유의 무거운 분위기를 살리기 위해 애썼다. 그래서 번역하는 과정에서
〈스탠 바이 미〉나 〈굿 윌 헌팅〉 같은 책들, 그것들이 번역된 어투 등을 많이 참고하면서 번역했다.

§

조금 다른 이야기를 해볼까.

책을 번역하며 나는 나의 어린 시절을 많이 떠올렸다. 나

역시 어릴 때 취미가 시를 쓰는 것이었기 때문이다. 부모님 말에 따르면 내가 어릴 때 시를 쓴다는 핑계로 A4 용지를 한껏 모아 스테인플러로 찍어 책처럼 만들었는데, 그 많은 종이를 다 쓰지도 않을 거면서 용지에 구멍부터 뚫어서 많이 당황했다고 한다. 하지만 그래도 내가 그렇게 시를 쓰고 책을 만드는 것에 대해 한 번도 뭐라 한 적이 없으셨다. 부모님은 아직까지도 그 시들을 모아놓고 계신다.

그때 지은 시 중에서 다시 읽어보면 정말 아무 것도 아닌 것들이 많지만, 그럼에도 내가 시를 쓰는 아이라는 사실은 실제로 내 가슴 구석에 자부심으로 자리했고, 부끄럼이 없었던 초등학교 국어 시절 나는 시 발표를 할 때면 항상 손을 들었다. "또 딸이야! 또 딸이냐고!"라는 소리를 들으며 태어나야 했던 아멘이 시 쓰기에 매달리는 기분을 조금이나마 알 수 있었다. 무언가를 창작한다는 건, 그만큼 나에게 위안을 주는 일이니까.

아멘과 나의 닮은 구석은 또 있었다. 바로 아버지였다.
어린 나에게 아버지란 다정하면서도 무서운 존재였는데, 그런 아버지와 유대를 쌓아가는 중요한 고리 중 하나가 바로 언어였다. 아버지는 영어를 전공한 사람이었고, 그 영향인지 집에는 온갖 종류의 영어 소설, 교재, 교과서, 영화, 동화책과 테이프 같은 것들이 꽂혀 있었다. 과학 외에는 별 관심이 없던 오빠와 달리 나는 언어를 정말로 좋아했고, 영어

책들을 혼자 꺼내 읽곤 했다. 언어만큼은 내가 공부에 자신 있는 분야였다. 아빠 역시 내가 언어에 대해 가지고 있는 소질(그때는 소질이라고 생각했는데, 지금 생각하면 그냥 흥미 정도였던 것 같다)을 알아봐주었고, 직접 영어 공부를 시켜주었다.

평소에는 덤벙대서 혼나기 일쑤인 나였지만 아빠랑 같이 영어를 할 때만큼은 달랐다. 영어는 나와 아빠의 유대를 강화해준 아주 소중한 존재였다. 그 중에서도 특히나 시 poem가 그러했다. 아빠가 나에게 영어를 가르쳐주며 쓴 책 중에서는 "미국 아이들이 유치원 때 배우는 것들"과 비슷한 제목의 원서가 있었는데, 한 마디로 미국 아이들이 학교에서 배우는 텍스트들을 모아 놓은 것이었다. 거기에는 그리스 신화나, 미국 역사 텍스트들도 있고, 문학 파트에는 텅 트위스터와 시들이 한 가득 모여 있다. 시의 주제나 심상 등에 대한 암기를 중시하는 한국식 시 교육과 달리, 영어에서는 시의 "rhyme각운이나 두운 등 운율"을 먼저 집중적으로 배운다. 나는 영시만이 가진 운율을 정말 좋아했다. 그래서 운율을 만들어 보려고 애쓰는 아멘에게 공감이 많이 갔다. 아빠는 나에게 시를 소리 내서 읽어보게 했는데, 그때마다 운율을 살려 읽기위해 정말 애썼다.

아빠도 영시를 꽤 재미있어 하신 것 같았는데, 그래서인지 시에 흥미를 느끼는 나를 기특하게 여겨주었다. 그러면 나는 그런 아빠의 칭찬이 좋아서 더 열심히 영어 시를 공부하고 읽었다. 그래서일까. 시의 운율 찾기에 큰 재미를 느끼고, 또 시를 쓰며 그저 무서워하던 아빠에게 인정을 받고, 아빠와 이런 저런 이야기를 나눌 수 있게 된 아멘의 모습에게서 어린 시절의 내가 정말 많이 보였다. 내가 이 책을 "백조의 여름" 다음으로 좋아했던 것도, 어쩌면 사라에서 느꼈던 어떤 종류의 동질감을, 아멘에게서 강하게 느꼈기 때문일지도 모른다.

Betsy에 관한 짧은 평론

　　　　　　　　지금까지 번역을 했었던 Betsy Byars 의 소설들 줄거리, 인물, 그리고 번역 후기를 간단히 이야기 해보았다. 그런데 여기까지 읽은 사람들 중에서 누군가는, Betsy Byars의 소설이 너무 반복적이라고 느꼈을 지도 모르겠다. 완전히 부정하기는 어려운 사실이라고 생각한다.

　그녀의 책을 읽다보면 책에 등장하는 인물들이 그 성격과 역할에 따라 몇몇 유형으로 나뉜다는 것을 알 수 있다. 우선 주인공은 대체로 어딘가 조숙하고, 예민한 감수성을 지녔으며 그다지 활달하지 않은 성격의 아이로 묘사된다. 그리고 이 아이가 특별한 사건을 계기로 성장하게 된다는 이야기 플롯도 반복된다. 물론 애초에 Betsy Byars가 주로 작품을 남긴 장르가 '성장' 소설이기 때문에, 단지 성장 플롯만으로 그녀의 이야기가 모두 같다고 비판하기는 어렵다.

　주변인물의 성격도 몇 가지로 정해져 있다. 그래서 서로 다른 책 속 주인공들이 겹쳐 보일 때가 많다. 주인공 친구의 경우, 주인공을 때로 놀리거나 속을 긁기는 해도, 위기의 순간에 항상 주인공을 도와주는 든든한 조력자로 등장한다. 사라의 친구 메리, 잭슨의 친구 고트, 아멘의 큰 언니들이나 할머니 등이 그러한 역할을 담당한다. 또한 꼭 '예쁘고 쾌할한 언니'가 등장하는데, Betsy Byars의 에세이를 읽어보면 언니를 둔 그녀의 어린 시절 경험이 반영된 것임을 알 수 있다. 깐깐한 성격의 어른 역시 꼭 한 명씩은 등장한다. 사라의 윌리 고모, 잭슨의 엄마, 아멘의 폴린 고모가 이에 해당한다. 이들은 주인공의 행동을 일일이 통제하고, 그들을 아직 '유년시절'에 묶어놓는 역할을 한다. 본격적인 사건이 발생하기 전까지 주인공과 이들 인물 간의 갈등이 극의 긴장감을 더하는 기능을 한다.

　극 후반부를 이끌어가는 것은 대체로 주인공의 소중한 존재의 실종 사건이다. 특히나 이 '소중한 존재'는 지극히 순수하고 아이와 같은 무언가, 그로 인해 주인공이 절대적인 사랑을 주고 있는 무언가로 그려진다. 〈The Midnight Fox〉에서는 여우가, "백조의 여름"과 〈The Night Swimmers〉에서는 동생이, "비둘기 파수꾼"에서는 토민스키 씨가 사라졌고, 〈The Computer Nut〉에서는 심지어

외계인이 등장한다. 이들을 찾는 과정에서 주인공이 성장을 이루는 모습이 세밀하게 그려진다.

그녀의 소설들에서 또 다른 흥미로운 공통점은 바로 가족의 부재나 가정에서의 결핍에 대해 그린다는 점이다. 이 점 때문에 그녀의 책들이 더더욱 비슷하게 느껴질 수 있다.

그녀의 소설 속 주인공들은 어떤 방식으로든 가족에게서 오는 애정의 부재를 겪고 있다. 사라만 해도 어머니의 죽음 이후 아버지와는 소원해지고, 고모와는 사춘기를 겪으면서 유대를 쌓기 힘들어한다. 잭슨의 경우 부모님의 이혼을 경험한 후 엄격한 엄마 밑에서 자라며, 자신의 속마음을 이야기할 곳을 찾기 힘들어한다. 아멘의 경우 태어날 때부터 딸이라는 이유로 아버지로부터 부정당했고, 시를 씀으로써 아버지로부터의 인정을 유지하고자 한다.

〈The Midnight Fox〉에서 주인공의 삼촌과 숙모는 아들을 잃은 슬픔을 주인공으로부터 달래고자 하였고, 어느 날 컴퓨터에 송신된 미스터리한 메시지를 추적하는 이야기를 담은 〈The Computer Nut〉에서 주인공이 컴퓨터에 대해 가지고 있는 관심사를 이해해주는 가족 구성원은 아무도 없다. 가난한 형편에서 오는 박탈감과, 엄마의 부재에 대한 상처를 달래기 위해 남동생과 함께 부잣집 수영장에서 몰래 도둑 수영을 하는 이야기를 그린 〈The Night Swimmers〉의 경우 사라 이야기의 습작이라 생각될 정도로 "백조의 여름"과 매우 유사한 분위기를 가지고 있다. 〈The Pinballs〉

는 위탁 시설에 머무는 주인공 소녀와 그녀와 친구가 된 두 소년의 이야기를 그렸는데, 이들의 이야기는 가족으로부터의 거절과 그로부터 생긴 상처가 가장 종합된 이야기이다.

 결론적으로 그녀의 소설에서 변주가 적은 만큼, 지루함을 느낄 수 있는 건 사실이다. 하지만 나는 그것이 단점이라고만 생각하지는 않는다. 그만큼 작가가 자신의 삶을 반영한 이야기를 적는다는 걸 알 수 있기도 하고, 특히 가족과 부재에 대한 부분들에서 작가의 뚜렷한 주제의식도 느낄 수 있다. 청소년이 읽는 소설임에도 그저 가벼운 이야기만을 짓지 않고 은근히 미국 사회의 여러 문제점(빈곤, 가정폭력, 아동 학대 등)을 작품에 자연스럽게 녹여내면서도, 너무 이야기가 무겁지 않도록 서사를 설계하는 건 그녀만이 가지는 강점이기도 하니까.

 그녀의 소설은 지금 다시 읽기에는 너무 오래된 미국 사회일 수도 있다. 책 속에 등장하는 컴퓨터들은 앞뒤로 불룩한 구형 모델이고, 아직도 미국 청소년들이 자기 운동화를 직접 염색해 신거나, 고모가 아이들에게 제봉틀로 옷을 만들어주는지 의문이다. 그럼에도 그녀의 소설들이 언제 읽어도 공감될 수 있는 것 역시, 그녀의 서사가 가진 이 '부재'라는 특징 때문이 아닐까.

 지극히 개인적인 이야기를 덧붙이자면. 그녀의 책들을 번역하는 입장에서는, 그녀의 소설에서 모종의 공통점을 찾아내고, 소설들의 공통분모를 통해 결국 작가를 이해하고 해석하게 되는 게 큰 즐거움 중 하나였다. 번역을 할 때에도 작가에 대한 나만의 이해는, 번역의 방향성을 정하는 데에 큰 도움이 되니까 말이다.

　작가 Betsy Byars를 한 번 옹호해본 이 서툰 평론이 얼마나 공감될지는 모르겠지만, 그래도 그녀의 주제의식만큼은 꼭 전달되었으면 한다.

겨울의 끝

번역의 세계 외에는 도피할 곳이 없었던 나의 겨울도 거의 끝나가고 있었다. 미친 듯이 공부하고, 또 미친 듯이 번역했던 나의 겨울, 중학교 3학년 시절은 입시를 통해 새로운 국면에 접어들었다. 바로 고등학교 입시. 중학교 3학년 올라갈 때까지만 해도 내가 대학 입시의 소형 버전인 고등학교 입시를 치르고 있을 줄 꿈에도 몰랐는데, 정신을 차리고 보니 자기소개서와 면접을 통해서만 들어갈 수 있는 타지의 한 고등학교에 지원 준비를 하고 있었고, 또 정신을 차려보니 예상과 달리 합격을 하게 되었다.

중학교 2학년 처음 번역을 시작한 뒤부터 중학교 졸업할 때까지 나의 꿈은 번역가였다. 그 전까지는 잡지 기획자, 카피라이터, 그림 작가 등 항상 글과 그림 사이를 왔다 갔다

하며, 꿈이란 게 짧으면 한 달, 길어도 반년도 채 되기 전에 바뀌었다. 하지만 번역가라는 꿈만큼은 내 마음에 박혀, 2년 동안이나 자리를 지키고 있었다. 그래서 이 꿈만은 결코 변하지 않으리라고 생각했었다. 그래서 나는 고등학교 지원용 자기소개서에도 장래희망란에 '번역가'를 적어서 냈고, 내가 번역했던 여러 책들을 면접 과정에서도 소개하기도 했다. 이건 확인된 바 없는 내 개인적인 생각이지만, 그 고등학교를 들어갈 수 있었던 이유 중 하나가 번역이었다고 생각한다. 중학생 중 '번역가'를 지망하는 학생은 그렇게 많지 않을 것 같고, 그래서 독특한 꿈을 면접관 선생님들이 좋게 봐준 것 아닐까. 면접에서 책 이야기를 할 때 선생님들 표정이 퍽 만족한 듯했다.

 갈 고등학교도 정해졌고, 비유적인 의미로 시작된 겨울이 아니라, 진짜 겨울이 찾아왔다. 곧 있으면 중학교도 졸업이었고, 속된 말로 엿 같았던 시절도 조금만 더 버티면 끝이었다. 치적거리는 우울의 늪에 빠져 있던 나는 이곳을 떠날 수만 있다면 뭐든 다 좋다고 생각했다. 지금 생각해보면, 그때 그 고등학교를 가고 싶었던 건지, 아니면 그냥 어디로든 떠나고 싶었던 건지 잘 모르겠다. 번역 덕에 그 도피가 가능해졌고, 나는 번역에 대해 내가 가진 애착이 정말 영원할 줄만 알았다.

 하지만 고등학교에 들어간 뒤, 나는 번역을 완전히 그만두게 되었다. '이 꿈만큼은 변하지 않을 거야.'라고 가장 확신했던 목표가 사라지는 건 정말 한 순간이었다.

 세상엔 정말 다양한 역설이 있다. 번역가가 되겠다고 제대로 결심한 뒤, 역설적으로 나는 번역을 하며 어떤 종류의 행복감을 느끼기가 어려웠다. 내 번역에 만족을 할 수가 없었다. 내가 해놓은 번역을 보면, "이건 아닌 거 같다."는 생각만 들었다. 엉망이었다. 도저히 다른 사람들에게 보일 수 없는 번역. 작가의 뜻을 전혀 전달할 수 없는 번역. 오직 나의 만족을 위해 해온 번역을 이제는 남들이 읽어도 만족할 만한 수준이 되도록 해야 한다고 생각하자 오히려 자신감이 사라졌다.
 전에 높이뛰기 이야기를 했던 것 기억이 나는가? 힘 빼고 높이뛰기를 할 때는 잘만 하던 선수가, 저에게 맞지 않는 체계적 연습방법을 정한 뒤로 자신의 1등자리를 내주었던 이야기. 그 일이 또 다시 나에게 일어났다. '무면허' 번역에서 삶의 활력을 얻었던 나는, '면허'있는 번역가를 꿈꾸기 시작하면서 새로운 현실을 마주하게 된 것이다.

3

.
.

다시 여름

Betsy Without S

Again.
Summer

베티가 아니라 베치

중학교 3학년, 끝나지 않을 것 같던 겨울은 졸업과 함께 무색하니 떠나갔고, 나를 억눌렀던 감각들도 시들해졌다. 졸업과 고등학교 입학까지의 빈 시간 동안 정말 할 게 없었고, 나는 집에 틀어박혀 "백조의 여름" 번역본 제본을 준비하고 있었.

우리 가족의 전통이라면 전통이랄 것이, 배낭여행을 갔다 오고 나면 부모님이 글을, 내가 사진과 글을 넣어 여행기를 완성하는 것이었다. 그리곤 그것을 동네 책방에 제본을 맡겨 책처럼 갖고 있었다. 가끔 지인들에게 선물하기도 했다.

그걸 보면서 자란 나는, 나의 번역본도 책으로 간직하고 싶었다. 그래서 제본 작업만 하면서 시간을 보내고 있는데, 문득 〈The Summer of the Swans〉가 국내에 번역되어 있는지가 궁금해졌던 것이다.

"백조의 여름"을 번역하기 전에 미리 그걸 찾아봤어야 했을지도 모른다. 이미 번역이 되어있는 작품이라면 취미로 하는 거라 해도, 굳이 시간을 들여가며 번역을 하는 의미가 줄어드니까 말이다. 하지만 나는 당연히 "백조의 여름"이 번역되어있지 않을 것이라 확신했었다. 그녀도, 그녀의 작품들도, 심지어 뉴베리상까지 받은 가장 대표작인 "백조의 여름"조차 한국에서는 전혀 유명하지 않았고, 드라마화되거나 영화화된 작품도 없었다. 그래서 나는 한국에서 그녀를 알고 있는 십대가 나밖에 없다는 단단한 착각을 하고 있었다.

나는 언젠가 Betsy의 전집을 나의 이름으로 번역하여 낼 수 있으리라고까지 생각했었다. 나의 원대한 번역의 여정에 그만큼 근사한 마침표는 없을 거니까. 훌륭한 번역가가 되고 나면 한국에 잘 알려지지 않은 "백조의 여름"을 내가 직접 번역하고 그림으로써 알릴 수 있을 것이라고, 그저 그런 공상을 하고 있었던 것이다.

그렇게 나는 한 치의 의심도 없이, "검색 결과 없음"이라는 문구가 뜨리라 장담하며, 인터넷 서점 검색창에 〈The Summer of the Swans〉를 입력했다. 그리고 그 책을 본 것이다.

그 책.
흐르는 물결 속에서 서로 어깨를 기대고 앉아 있는 사라와 찰리. 표지 삽화는 정말 완벽했다. 내가 상상했던 사라의 모습이 그 그림에 고스란히 담겨 있었다. 적당한 길이의 갈색 머리칼, 슬픔과 의지가 함께 묻어있는 표정과 눈빛, 곤히 잠들어 있는 듯한 찰리. 책 속의 성숙한 분위기를 잘 드러내는 아름다운 미색 수채화 채색.
  정식 번역본이었다.

 번역본이 이미 나와 있다니. 나 말고도 이 책의 존재를 아는 사람이 있고, 그 사람이 이미 이 책을 번역했다니. 심장이 내려앉았고, 목 저 아래가 얼얼해졌다. 그리고 그 번역본의 제목은, 가쁘게 숨을 내쉬던 나의 마지막 자긍심을 끊어냈다.

"열 네 살의 여름"

 이건 정말 완벽한 번역이다. 명치가 아플 정도로 완벽했다. 지금도 정식 번역본의 번역가님이 정말 대단하다고 생각한다. 내가 이토록 감탄하는 이유는 다음과 같다. 원제 "The Summer of the Swans"를 보면 'S'가 단어 앞에서 반복되며 운율을 만든다. 나는 그 제목을 완전히 직역하여 "백조의 여름"으로 옮겼고, 그 순간 두운은 산산조각 나버렸다. 'ㅂ'과 'ㅇ'은 닮은 점이 하나도 없으니 말이다.
  그런데 이 원제를, 번역가님이 '열 네 살의 여름'으로 번역해낸 것이다. 이 제목을 소리내어 읽어보라. '열'의 '여'와 여름의 '여'는 운율을 만들어낸다!

번역가님의 속내를 내가 감히 다 알지는 못하겠지만, 역자님은 원제의 운율감을 살릴 수 있는 방안을 수없이 고민했을 거라 믿는다. "백조의 여름"은 너무 둔탁하다. 그렇다고 '여름'을 다른 낱말로 바꿀 수는 없다. 활기와 권태, 더위가 뒤섞인 이 여름이라는 계절은 주요한 시간적 배경으로서 이야기의 분위기를 간접적으로 전달하고, 사라의 성장과 청소년기를 상징하기도 하니까 말이다.

 이에 번역가님은, '여'름과 운율을 맞추면서도, '백조'라는 사건을 암시할 수 있는, 즉 이례적으로 백조가 마을에 찾아온 시기의 사라의 나이, '열네 살'을 떠올렸으리라. 원제만큼 모든 게 탄탄하게 맞물린 제목이다.

 그에 비하면 나는 어떤가? "백조의 여름" 아래 'S'의 운율감을 짓밟혔다. 나도 사라가 열네 살인 건 알았다. "백조의 여름"을 "열네 살의 여름"으로도 번역할 수 있을 거라곤 상상조차 하지 못했다.

 또한 나는, 심지어 '열네 살'과 '여름'이 아주 좋은 운율을 만들어낸다는 걸 깨달았다 하더라도, 결코 "백조"의 자리에 '열네 살'을 넣지 못했을 것이다. 좀 더 의미가 잘 전달될 수 있도록, 때로 원작이 제시하는 틀을 깰 수 있는 용기가 나에겐 없었다. 원작이 제시하는 제 자리, 글자들이 굳건하게 지키고 서 있는 그 성벽을 결코 떠나지 못했다. 1부에서 말했듯 그때의 나는 흉측한 직역 기계였다.

그 제목을 보고나서, 나는 아무리 번역을 배우고, 또 번역을 하더라도, 결국 "The Summer of the Swans"를 "백조의 여름"으로 번역하는 수준에 그칠 수밖에 없을 거라는 생각이 들었다. 그 제목이 쓰인 책을 들여다보는 것만으로 마음이 아려왔다. 그렇지만, 마치 유령을 마주한 공포영화 주인공처럼, 눈을 돌리고 싶으면서도 동시에 도저히 책에서 눈을 뗄 수가 없었다.

나는 고통스러운 기분으로, "열 네 살의 여름"이라 쓰인 책의 표지를 찬찬히 둘러다 보았다. 그때 저자의 이름이 눈에 들어왔다.

'베치 바이어스'.

또 한 번의 충격이 몰려왔다. 작가 이름이 베치 바이어스라고? 왜 그녀의 이름이 베치 바이어스지?

혹시 지금까지 글을 읽으면서, 다른 주인공들의 이름은 꾸역꾸역 한국식으로 표시하면서도 Betsy Byars의 이름만큼은 한글로 표기하지 않았단 걸 알아차린 분이 있을까.

Betsy Byars라는 이름은, "열 네 살의 여름" 표지에서 말해주듯이, 의심할 나위 없이 "베치" 바이어스로 적는 것이 맞다. 내가 그 사실을 받아들일 수 없었던 건 내가 그녀의 이름을 '벳시' 정도로 표기해서가 아니다. 그 정도라면 그냥 영미권에 살지 않아 모든 이름의 발음을 잘 몰랐다는 것으로 스스로를 위로할 수 있었을 것이다. 하지만 나는 그녀의 이름을 "베티"로 옮겼었다. 그렇다. 나는 그녀 이름의 'S'을 완전히 보지 못한 것이다.

 나는 원서를 찾아 표지를 살폈다. BetSy. 틀림없었다.

 그러니까 번역을 했던 중학교 2학년 때부터 3학년이 끝나기까지 내내 작가 이름을 베티로 알고 있었다는 것이다. Betsy의 'S'를, 그 수많은 번역을 하면서, 어떻게 한 번도 보지 못한 것일까. 나는 나의 이러한 실수가, 당시 내 번역의 한계를 정말 상징적으로 보여준다고 생각한다. 1부에서 나는 머릿속에 떠오른 문장들을 붙잡고 싶어서 번역을 하게 됐다고 했었다. 확실히 머릿속 문장들은 번역의 동력이 되어주었지만, 동시에 양날의 검과도 같은 것이다. 한 번 머릿속에 '이 문장은 이런 거야.'라고 생각이 박히면 끝이었다. 심지어 원서 문장을 두 눈으로 직접 읽고서도, 내 머릿속에 떠올린 문장이 너무 선명해서, 읽은 그 문장이 눈에 들어오지가 않았다. 마치 영어 시험에서 말도 안 되는 오독을 해서 문제를 틀린 학생처럼, 한 번 내 번역에 꽂히는 순간 내 두 눈은 문장 위를 얼음 위 스케이트처럼 그저 미끄러지며 지나갔고, 때문에 잘못 번역한 문장이 정말 많았다. 작가 이름도 마찬가지였다. 작가 이름이 베티라고 처음에 박혀버리자, 눈은 Betsy를 읽어도 그 'S'가 뇌에 인식되지 않았다.

 정말 말도 안 되는 일이었다. 베티 바이어스, 라고 적힌 나의 번역 파일은 나에게 내가 얼마나 엉망인 번역가인지를 알려주는 명백한 증거였다. 저자의 이름 철자 하나 제대로 보지 못하는 내가 어떻게 번역을 할 수 있을까. 저자의 'S' 조차 빠뜨리고, 원제의 'S'가 만드는 우아한 운율을 모두 뭉개버리는 나의 번역은 한 마디로 쓰레기였다. 2연타를 맞고서 완전 제정신이 아니었다. 그때 처음으로, 어쩌면 나는 좋은 번역가가 되지 못할 것 같다고 생각했다.

§

 물론 "백조의 여름"이 아닌 "열네 살의 여름"이라는 사실, "베티"가 아니라 "베치"라는 사실이 나의 번역에 대한 꿈을 한 번에 허물어버렸다고 하는 건 과장일 것이다. 하지만 분명 나의 맘 속 단단하게 자리 잡고 있던 번역이란 성에 밑변부터 금이 가기 시작했다. 이후 일들은 꼬리에 꼬리를 물고 일어나며 성곽에 난 금에 집요하게 부딪혔고, 끝내 그 성을 무너뜨렸다.

 정식 번역본 "열네 살의 여름"을 본 뒤로, 입학 전까지 나는 더욱 무력해졌다. 멋진 표지를 만들어서 제본하기로 했던 번역본 작업도 소홀해졌다. 결국 완성본이 나오긴 했지만 지금도 아쉬움이 많이 남는 결과물이다.

 시들해진 번역과 함께, 충만했던 여름과 까닭 없이 힘들었던 긴 겨울의 해도 결국 끝이 났다. 그렇게 나는 고등학생이 되어 있었다.

 장래희망에 '번역가'를 써서 고등학교를 들어갔는데, 정작 입학 뒤에는 한 문장도 번역하지 않았다. 외국에서 살다온 아이들만 해도 몇 십 명은 되는 학교 환경 속에서 언어에 대한 열정은 흐릿해지고, 이제는 정말 내가 언어를 좋아한 게 맞는지조차 헷갈렸다. 모든 게 어린 날의 치기 같았다. '고등학교'가 지닌 중압감은 번역과 나 사이를 더욱 멀어지게 했다. 번역가의 꿈은 고등학교 첫 중간고사를 치른 뒤 사라져 있었다. 내 안에 깃들어있던 어떤 열정이 몸을 떠나버렸다. 그렇게 심장부부터 썩기 시작한 나는 동태 같은 눈을 겨우 뜨고서, 아주 약간의 흥미를 느끼기 시작한 입시 공부만을 반복하고 또 반복했다.

 그렇다고 내가 "백조의 여름"을 완전히 잊어버린 것은 아니었다.
 내가 한 번역본을 보는 건 고통스러웠지만, 번역할 때 늘 끼고 있었던 원서 "The Summer of the Swans"만큼은 여전히 소중했다. 그 책만 보면 힘이 났다. 그것은 나의 행복했던 시절에 대한 상징물이자, 내가 무언가에 정말 가슴 뛸 수 있는 사람이었다는, 그런 잃어버린 기억을 되돌려 주는 마법의 주문이었다. 갑갑한 교육 시스템 안에서 썩어 문드러질 때마다, 나는 눈물과 증오 구덩이 속에서 그 화석을 꺼내 올렸다. 이제는 그 책을 열어봐도, 고등학교 생활이라는 독에 코와 입이 마비된 나는 더 이상 여름 냄새를 맡을 수 없었다. 그럼에도 그 책을 보는 것만으로, 또 손을 그저 대고 있는 것만으로 전해지는 무언가가 있었다. 기숙사 책꽂이 한 구석에서 가만히 과거의 숨을 내뱉는 원서는, 3달에 한 번씩 저가 필요할 때만 꺼내는 주인을 항상 온화하게 맞아 주었다.

  2년을 넘긴 손길은 무서운 것이어서, 표지 속 원래도 흐릿했던 사라의 옆모습은 더욱 희미해져 있었고, 본래부터 한 귀퉁이가 들려 도착했던 겉면 비닐은 이제 거의 절반가량 뜯겨 있었다. 외서가 으레 그렇듯 내지는 누렇게 변색되고, 어디서 무얼 먹다 흘린 건지 떨어진 음료수 자국 따라 쭈글쭈글해진 종이도 있었다. 그럼에도 나는 그 책을 버리지 않았다. 버릴 수가 없었다. 숨이 막혀 이대로 온 몸이 폭발할 것만 같을 때, 나는 괜히 그 책에 손을 얹고 가만히 숨을 쉬었다. 그럼 그 책이 완다의 목소리로 말하는 것 같았다.

  "괜찮아. 그냥 너 자신에게 시간을 좀 줘 봐."

새로운 꿈

　　　　　　　　새로운 꿈은 아주 생뚱맞고, 시시한 계기를 통해 찾아왔다.

　시작은 사회 수업시간에 만난 존 롤스였다. 사회책 한 귀퉁이에서, 학생들은 아무도 관심 없지만 아랑곳 않고 저 혼자 분배적 정의를 논리적 사고실험으로 풀어내겠다며 열변을 토하는 롤스에게 완전히 꽂혀 버렸다. 롤스의 논변은 신문기사처럼 딱딱하고 피상적인 설명과, 통계자료로 범벅이 되어 있는 교과서 속 본문들과 어딘가 달랐다. 정의와 분배를 다루어야 하는데, 갑자기 익명의 군중을 설정하지는 않나, '무지의 베일'이라는 천 쪼가리를 가지고 와서 사람들 얼굴에 씌우질 않나. 나에게는 정말 신선한 접근 방식이었다. 사회문제를 통계가 아니라 이토록 문학적으로 방식으로 상상하고 서술하는 사람들이 있다고?

그 시간 뒤로 롤스가 쓴 글과 비슷한 성격의 텍스트를 찾기 위해 열심히 인터넷 세계를 떠다녔다. 롤스가 하는 학문은 윤리학이나 정치학이라고 나왔지만, 내 생각에 그의 윤리학은 내가 생각하는 철학적이고, 추상적인 윤리학 이상의 무언가가 있었다-현실 세계와의 접점이 다른 철학적 논변보다 훨씬 분명했다(고등학생이었던 내가 그때까지 배운 철학자라곤 고대 그리스인들밖에 없었다). 현실과 문학, 철학과 과학 사이에 있는 이 오묘함이 대체 무엇일까 궁금했다. 그렇게 며칠을 더 인터넷을 떠돌다가 알게된 게 바로 사회학이었다.

얼마 지나지 않아 나는 사회학자를 꿈꾸는 학생이 되어 있었다. 번역가를 꿈으로 정했던 것처럼, 이번에도 별 다른 고민은 없었다. 직관적인 결정이었다. 번역가와 사회학자가 너무 다른 것같지만 나는 한 편으로는 둘 간의 차이가 크지 않을 수도 있다고는 생각한다. 내가 좋아하는 사회학 텍스트들은 아주 문학적인 것들이 많은데, 이때 '문학적'이란 건 서술 방식이 수사적이라기보다는 세상을 접근하는 방식이 문학적이라는 것이다.

사회학은 사회가 어떤 모습인지를 끝없이 질문한다. 인간과 사회의 관계는 어떤가? 어떤 학자들은 인간이 모여 사회를 만들었고, 사회는 인간의 총합에 불과하다고 보았다. 또 다른 학자들은, 사회는 단순 총합 이상의 새로운 성격을 가진다고 보았다. 그런데 이러한 설명들은 모두 한 가지 상상을 전제한다: 사회는 아주 덩치가 커다란 건물 같은 것이고, 인간은 아주 자그마한 블록 같은 것이다.

  그런데, 사회가 사실은 아주 커다란 건물 같이, 정해진 형체를 가진 게 아닐 수도 있지 않을까? 그래서 어떤 학자들은 블록 사이의 미시적인 상호방식에 주목한다. 꼭 사회학 전공이 아니더라도 고등학교 때 '사회문화'를 배웠던 분들이라면, '거울 자아' 같은 상호작용론 속 지극히 비유적인 표현들을 기억할 것이다. 거울은 결론적으로는 나 자신을 보게 되면서도, 내가 나를 마치 타자처럼, 신체 밖에서 바라보게 된다는 점에서 아주 독특한 물건이다. 때문에 타인의 평가와 사회적 규범에 반응하여 한 개인이 형성하게되는 자아로서의 '거울 자아'라는 표현은 정말 탁월하다.

  대체 어떤 사람들이 사회, 자아, 상호작용, 갈등, 권력 같은 지극히 추상적 요소들을 이런 식으로 '상상'할까? 꼭 길을 걸으면서, 어떤 장면을 보고서 '저건 이렇게 그릴 수 있겠다'고 생각하는 화가 같았다. 또 사회학자는 직접 새로운 사회 현상을 만들지는 않는다. 하지만 사회에서 일어나는 여러 일들을 보고서 그걸 글로 옮기고, 그에 대한 자신만의 문학적 판단을 덧붙인다-쉽게 말하면 저마다의 방식으로 개념화하는 것이다. 그리고 오묘하게도, 그렇게 사회학자가 세상을 '옮겨놓은' 텍스트들이, 다시 세상을 변화시키기도 한다.

번역가 역시 작업을 할 때 자신이 보는 것을 이미지화하는 과정을 거치며, 자신이 직접 무언가를 창조하지는 않지만 그것을 다른 언어로 '옮김'으로써, 필연적으로 새로운 문학성을 덧대게 된다. 이미 존재하는 것을 그대로 옮기는 과정인데도, 단순 필사와 달리 지극히 문학적 고민을 거친다. 때로 옮기는 존재의 문학성이 텍스트에 짙게 묻어나기도 한다. 번역이란 전유하되 소유하지 않고, 보존하되 고수하려 하지 않는 행위다. 번역은 현상과 해석의 경계에 발을 걸치고 있고, 그게 꼭 사회학의 연구 과정이랑 닮아있는 것 같다. 굳이 비유를 하자면, 내게 사회학자는 세상을 다루는 번역자 같아 보였다.

한 가지 우스운 일은, 막상 사회학과에 오고 나서는 한 번도 롤스를 배운 적 없다는 것이다. 롤스는 확실히 정치학이나 윤리학 과정에서 깊게 다루는 것 같다. 간학문의 시대라지만, 대학교 자기소개서 속 사회학과 지원 동기에 롤스를 썼던 건 아직도 머쓱하다.

어쨌든 번역 덕에 입학했던 고등학교에서의 생활은 너무 멀리 떨어진 섬, '롤스'에 당도했고, 또 그 섬에서 멀리 떨어진 '사회학'이라는 섬까지 밀려 나서야 여정을 멈췄다. 흥미가 너무 자주 바뀌는 건 아닐까, 내 인생은 평생토록 이렇게 즉흥적일까. 그런 생각도 들었지만, 그렇다고 어찌 해볼 수도 없는 노릇이었다. 어쨌든 나는 번역을 접했을 때만큼은 아니지만 사회학으로부터 다시금 열정이라는 걸 느꼈었고, 그 열정은 번역을 중심으로 조직되어 있던 내 몸의 세포들을 재조직했다. 세포들 위치가 얼마나 뒤틀렸는지, 중학교 때까지만 해도 소설만 읽었던 나는, 대학교 와서는 도리어 논픽션 인문사회 도서만 읽는 그런 아이가 되었다. 소설책을 펼쳐도 세 페이지 이상 집중할 수가 없었다. 지겹고, 비현실적이고, 감정소모만 되는 느낌이었다. 소설 마니아들이 어떤 이야기를 읽고서 낱말 하나하나에 찬탄하고 흥분하는 게 이해가 되지 않았다. "백조의 여름"은 결코 "열네 살의 여름"을 따라잡을 수 사실에 그렇게나 상처를 입었던 나는 정녕 같은 사람이란 말인가.

그렇게 번역가가 되고 싶었던 나는, 그 꿈만은 결코 변하는 일이 없으리라고 호언장담했던 나는, 사회학도(학도라는 말을 쓰기엔 너무 날로 학교를 다닌 것 같지만)가 되었다. 고등학교 3년을 번역에 손도 대지 않고 보내고, '가서 데모하지 말라'는 어른들의 싱거운 입학 축하 인사와 함께.

대학생이 된 뒤 번역 생각이 한 번쯤은 날 수 있었을 것 같은데도, 번역 하고픈 마음이 하나도 생기지 않았다. 그렇게 1년이 지났다. 하릴 없이 열정적인 문학 구절들보다, 차갑고 딱딱하고 번역도 엉망으로 되어있는 사회학 원서들이 더 좋았다. 이제 내게 번역도 끝이구나. 그렇게 생각했었다.

작별 인사하며 재회하기

　　　　　　그러다 대학교 2학년, 번역이 다시금 내 생에 찾아왔다. 아주 낭만적이고 아름다운 재회였다면 좋았겠지만 정 반대였다.

　대학교 2학년. 이유도, 계기도 알 수 없는 우울이 나를 뒤덮었다. 정식으로 검사를 해본 적은 없지만, 아마도 우울증이었던 것 같다. 그렇게 6개월 간 최악의 우울증 속에서 정신을 반 쯤 놓고 살았다. 삶에 대한 애정이 사라졌다. 아니, 삶에 애정을 가지는 것 자체가 너무 버거워서 아예 생을 놓아버렸다. 하루 종일 잠만 잤고 수업은 거의 가지 않았다. 수업을 너무 안 가서 기말시험 날짜가 바뀐 것도 모를 정도였다-그 시험은 당연히 F를 받았다-. 책상 위는 제때 버리지 않은 빈 페트병들로 가득했고 캘린더 따위는 쓰지 않아

일정 관리도 엉망이었다. 사람들 카톡 하나에 답하는 것도 버거웠다. 그래서인지 "카톡 하나 답하는 것도 왜 이렇게 오래 걸리냐? 그냥 바로 답장만 해주면 되잖아."하는 말들이 차곡차곡 돌아왔다. 그러나 나는 그 말조차 원망스러웠다. 모든 게 나를 힘들게 하려고 존재하는 것 같았다. 밥 먹는 것도, 잠에서 깨는 것도, 다시 잠에 드는 것도 다 일이었다. 일처럼 느껴져서는 안 되는 것들이 하나하나 모두 과제였다. 왜 사람들이 대체 나에게 이렇게 많은 일을 주는 건지 이해할 수 없었다.

 이해가 안 돼.
 그 생각만 반복했다. 이해가 안 돼. 빨래를 하고 몸을 씻고 이를 닦아야 목숨이 부지된다는 게 억울하고 분통 터져서 죽고 싶었다. 거대한 바위가 나를 짓누르고 있는데 아무도 그걸 알아봐주지 못했다-그래서 내가 지고 있는 이 바위를 설명할 길이 없었다.

 내 상태가 좋지 않다는 걸 알았다. 몰랐던 게 아니다. 나도 벗어나고 싶었다. 그렇지만 동시에 벗어날 의지는 없었다. 나는 힘들어하고 있는 건데, 의지를 가지는 건 오히려 힘든 일을 하나 더 만드는 거라고 생각했다. 왜 이렇게 힘든 건지 묻고 싶었지만 답을 듣고 싶지는 않았다. 뭘 해보려고 해도 너무 잠이 와서 어떻게 할 수가 없었다. 매일 3시에 일어났고, 3시에 일어나면 이미 하루는 너무 많이 가 있었다. 그

절망감이 또다시 잠의 형태로 나에게 몰려왔고 그럼 나는 시궁창 같은 현실에서 도피하기 위해 눈을 감았다. 그럼 또 다음날 3시가 되어 있었다. 6개월 동안 그 생활이 반복되었다.

  그러던 중, 6월 쯤 되었을까. 그 사건이 일어난 것이다.

  02로 시작하는 번호를 지방 사람들은 쉽게 받지 않는다는 걸 아는가? 02는 서울 지역번호인데, 지방에 살다보면 보이스피싱 말고는 서울에서 전화 올 일이 없기 때문이다. 나 역시 다른 지방 사람들처럼 02 전화를 꾸준히 무시했고, 서울에 와서도 그 버릇은 유지되었다.
  그런데 어느 날부터인가, 02로 시작하는 같은 번호로 계속 전화가 오기 시작했다. 카톡 하나조차 너무 버거웠던 나에게, 전화를 받으라는 건 사치였다. 중요한 일이면 문자를 줘. 아니면 매일 전화를 하던가. 그렇게 생각했다. 우울은 뇌의 판단 체계와 기본적인 사회성을 마비시켰다. 지금 나 자신이 그때의 나 자신을 만날 수 있다면, 뺨을 한 대 갈기며 헛소리 하지 말고 전화나 받으라고 할 것이다. 하지만 그건 불가능한 일이였고 부재중 10통 정도가 쌓였다.

  그 전화번호가 사실 기숙사 행정실 번호였다는 사실을 알게 된 건, 기숙사 조교님이 내가 기숙사 등록을 하지 못해 퇴소해야한다는 소식을 통 전할 길이 없자 결국 비상연락망인 부모님의 번호로 연락한 뒤, 급히 전화가 걸려온 엄마를 통해서였다.

　엄마는 어떻게 그렇게 전화를 받지 않을 수가 있냐고 물었다. 나는 속으로 생각했다. 내가 어떻게 지금 전화를 받을 수가 있겠어. 내가 어떻게 그것까지 다 하면서 살아갈 수 있겠어. 내가 삶을 놓지 않은 것만 해도 기적이야. 타오를 대로 타올라 하얗게 재가 되어 삶에 밀착하기보단 부유하던 그 시기의 나에게, 방학 기간 기숙사 등록 날짜를 확인하고 제 기한에 맞춰 등록하기를 기대한다는 건, 적어도 나 자신에게는, 정말 우스운 일이었다. 그걸 해낼 정도의 정신머리가 있다면, 그 대단한 걸 해낼 수 있는 사람이라면, 지금 이렇게 살고 있지 않을 거니까. 나는 다시 삶을 되돌릴 수 없을 거야. 그때의 내가 속으로 생각했다.

　역시나 이때로 돌아갈 수 있다면, 나 자신에게 뺨을 이번에는 한 두 대 정도 갈겨줄 것 같다.

　되돌아보면, 그때의 나의 사고구조는 정말 말도 안 될 정도로 엉망이었다. 근데 당시에는 나 자신이 이상하다는 걸 느끼지 못했다. 후회도 부끄러움도 서러움도 없었다. 내 마음은 텅 빈지 오래였다. 버겁다. 억울하다. 그 감각만이 희미하게 남아있을 뿐, 후회와 뉘우침의 전제조건이 되는 삶에 대한 애정이 모두 휘발되어 있었다. 나는 내 삶에서 저 멀리로 유체 이탈한 상태였다. 현실을 살아가는 내 몸은 살아 움직이지만 속은 텅 빈 시체였다.

내 상태가 어떻든 퇴소는 3일 안으로 이루어져야 했다. 짐을 최대한 정리해서 얼른 고향으로 붙여야 했다. 나는 아무렇게나 짐을 분류하고 아무렇게나 쓰레기를 내놓았다-분리수거는 했다-. 대략 8개의 박스 중에서 종이만 모인 박스가 두 개였고, 하나는 내가 챙겨야하는 것, 하나는 내가 버려야하는 것이었다. 나는 그중 하나를 아무렇게나 집어서 내놓았다. 확인해봐. 쓰레기 수거공간에 박스를 놓던 순간 나의 뇌가 마지막으로 경고했다. 얼마 걸리지도 않잖아? 하지만 나는 뇌를 비웃었다. 저게 맞겠지.

그때의 나는 자극을 원했다. 마비된 감각을 깨워줄 자극. 그래서 정말 쓸데없는 곳에서 여러 가지 모험을 했다. 박스 버리기도 그 중 하나였다. 이 박스에 행운을 걸어볼 게. 확인 따위는 하지 않을 거야. 결과가 어떻게 되나 나중에 볼 거야. 무슨 일이 벌어질까?

그런 행동들은, 정말 역설적이게도, 우울에 점철된 상태를 내가 계속 반복하기를 '원하고' 있다는 걸 보여주었다. 나는 의도적으로 막 사는 선택을 함으로써, 내가 지금 굉장히 막 살고 있다는 것, 지금 확실히 정상이 아니라는 걸 끊임없이 확인했다. 그럼 그렇지. 나는 이런 상태지. 나는 지금 이렇게 행동해대는 애인 거야. 그걸 힘들어하면서도 스스로 반복했다. 왜 그런지는 잘 모르겠지만, 우울증은 자기 파괴적 반복 행동을 유도하는 기제가 있는 모양이었다.

길바닥에 잠들 수는 없으니 내 몸도 고향으로 실어 보내야 했다. 짐정리를 끝내고 우체국에 짐을 다 붙인 게 밤 9시였고, 부모님이 당장 고향으로 오라며 부쳐준 기차표는 10시 출발이었다. 우체국에서 기차역까지 정확히 한 시간. 불가능할 거라고 생각했지만 이 기차마저 못타면 정말 쓰레기 같은 딸이 되는 거였다. 택시를 탔고 다행히 기사님이 빨리 달려 주셨다. 거짓말 아니고 정말 1분 차이로 기차에 겨우 올라 고향으로 내려갔다. 꼴에 특실을 탔고 1인용 의자는 널찍하니 편안했다. 기차 벽에 머리를 박고 2시간 넘게 그저 멍하니 앉아 있었다. 그 다음 주가 되었다. 박스들이 도착했고 나는 박스들을 하나씩 열어보았다.

 어느 정도는 예상 했듯, 기숙사에서 퇴소하던 날 내가 내놓은 그 박스는 버려서는 안 되는 박스였다. 박스를 열어 아무리 뒤져도 그 책이 없었다. 버린 박스 속에 내가 가장 아끼던 책, 나의 분신, 나의 성서, 6년 넘게 함께 했던 "백조의 여름" 원서가 들어 있었던 것이다. 내가 중학교 때부터 만지고 펼치고 넘기면서 번역하고, 읽고, 가지고 다녔던 책. 숨을 도저히 못 쉬겠다고 느낄 때마다 손을 얹고 무언가를 빌 듯 호흡했던 책. 그 책이 사라진 것이다. 그제서야 내가 무슨 짓을 한 건지 실감이 났다.

 나는 6개월 만에 처음으로 후회라는 걸 느꼈다. "백조의 여름"이 사라졌다는 건, 정말 큰일이었다. Betsy의 이름에서 'S'가 빠진 것보다 훨씬 큰 일.

 내 인생에서 그 책이 빠져 어느 폐지 수거소로 툭, 굴러가 버렸다는 건, 신이 나에게 '이봐, 너 지금 얼마나 엉망인지 좀 보라구.'라며 진단서를 떼 준 것과 같았다. 그 진단서를 받아들고 나는 생각했다. 나 정말 엉망이군.

 기숙사에서 쫓겨나든, 서울에서 살 집이 없든, 이제 나에게 상관할 바 아무 것도 없고 그냥 길거리에 나뒹굴며 잠이나 자고 싶다고, 내 삶에 이제 애착도 없고 나는 외롭지도 슬프지도 행복하지도 않다고, 그러니 제발 나에게 아무 일도 주지 말아달라고 속으로만 절규하던 해였다. 오랫동안 나는 찰리처럼 울지도 그렇다고 웃지도 않았고, 누군가와 눈을 마주치지도 먼저 말을 걸지도 않았다. 그런 시기에, "백조의 여름"은 자신이 직접 사라짐으로써 내가 한 때 무언가에 열광할 수 있는 사람이었다는 걸 마지막으로 알려주었다. 네기 엉망이라는 사실이 그제서야 실감이 났다. 온갖 감정들이 한꺼번에 파도처럼 몰려왔다.

 책이 사라진 걸 알고서 그해 처음으로 정말 많이 울었다.

§

 물론 하루 울었다고 바로 정신을 차린 건 아니었다. 깊은 우울증은 그 책의 부재마저도 흘려보내버렸다. 책이 사라진 건 슬펐고, 나는 많이 울었지만 그렇다고 책을 다시 찾으러

가는 노력을 기울이지는 않았다.

 우울증이 오면 극도로 무기력해진다. 그 무기력은 일종의 방어 기제다. 즉, 무기력해서 아무 것도 안 하는 게 아니라, 아무 것도 안 하기 위해 무기력해진다. 내게 일어나는 모든 불행을 다 내가 무기력하다는 하나의 증거로서 활용한다. "나 정말 엉망이네"가 극복의 계기가 아닌 안도와 도피의 수단이 되고 마는 것이다. "나 무기력한 인간이야. 나 이만큼 심각해. 그래서 나는 움직일 수가 없어." 하루 24시간 내내 마음은 그렇게 웅얼거리며 바닥에 덩그러니 누워있기만 한다.

 나는 인생에서 일어나는 나쁜 일들이 이미 너무 익숙해졌고, 모든 불행들이 오히려 당연하게 느껴졌다. 책이 사라진 건 내 탓이고, 내가 너무 나태해서 벌을 받은 거라고 생각했지만, 어차피 지금까지 너무 많은 불행을 겪지 않았는가? 내 삶은 이미 너무 잘못되어 버리지 않았는가? 그렇게 나는 내가 스스로 허락한 우울에 다시금 침잠했다.

 그렇지만 그 책이 사라짐으로써 남긴 자리, 그 무언의 유언은 조금씩 나의 우울증 밑바닥에 균열을 만들었다. 빠진 Betsy의 'S', 열 네 살의 여름 속 '여'가 만드는 정교한 운율이 번역가로서의 나의 꿈을 결국 무너뜨렸던 것처럼. 한때 꿈이 뭉개지는 경험을 하게 만들었던 "백조의 여름"은 다시금 내 인생에 훅 하고 불어 들어와 조그마한 틈을 만들고 갔고 그 틈은 결국 이후 꼬리에 꼬리를 무는 일들과 함께 공명하며 우울증을 무너뜨렸다. 우울증의 밑바닥을 찍기까지 6개월이 걸렸고, 다시 수면으로 헤엄쳐 올라오기까지 6개월이 걸렸다.

§

치유의 첫 시작도 기숙사와 관련되어 있었다. 여름방학, 기숙사에서 쫓겨나 월세를 내면서 친구 자취방에 염치없이 기생했던 한 달이 빠르게 흘러갔다. 나도 내 자신이 여간 민폐가 아니라는 건 알고 있었기에 조금이라도 폐를 덜 끼치려고 정신 붙들고 살았다. 우선 얼른 기숙사로 돌아가야 했다.

한 달 동안 나는 매 주 기숙사 홈페이지 공지사항을 체크했고, 다행히 무사히 2학기 기숙사 재등록을 해냈다. 그렇게 다시금 기숙사 내 원래 방으로 돌아갈 수 있었다. 반 강제로 게시판을 찾는 노력을 해낼 때마다 나는 내가 아주 조금씩 치유되고 있음을 직감했다. 무언가를 그렇게 꾸준히, 스스로 찾아보고, 관심을 쏟는 것 자체가 너무 오랜만이었다. 죽어있던 신경에 계속 자극을 보내는 것과 같았다. 잃어버렸던 감각이 조금씩 깨어났다.

내가 기숙사로 다시금 이사를 온 뒤 제일 처음 했던 일은, 원서를 주문하기 위해 아마존에 들어가는 것이었다. "The Summer of the Swans"를 검색했다. 파란 배경에, 흐릿한 사라의 옆모습, 그리고 초록 들판과 백조. 내가 원래 갖고 있던 것과 똑같은 표지의 책이 여전히 팔고 있었다.

잠깐 고민했다. 주문할까? 하지만 나는 끝내 주문버튼을 누르지 못했다.

나는 어릴 적에, 엄마가 사준 동화책을 읽은 적이 있다. 제목이 대충 〈노란 양동이〉 비슷한 것이었는데, 주인공은 아기 여우다. 여우의 숲 속 친구들은 모두 저에게 꼭 어울리는 멋진 양동이를 가지고 있었다. 하지만 여우만은 아직 양동이가 없었다. 그러던 어느 날, 여우는 자신에게 꼭 어울리는 노란 양동이를 찾아냈다.

여우는 발견한 양동이를 바로 가져가지 않고 '조금만 더, 조금만 더, 내일은 정말로…' 그렇게 가져갈 날을 미루었다. 혹 누가 양동이를 가져가버릴까봐 불안하면서도, 매일 밤 그 양동이를 생각하고, 다음날 마치 자기를 기다리듯이, 자신이 아니면 그 양동이의 주인이 될 수 있는 이가 없다는 듯이 제자리를 지키고 있는 양동이를 보는 기쁨이 컸기 때문이었다.

그러던 어느 날, 여우는 이제는 정말로 다음날 양동이를 챙겨야겠다고 결심한다. 그러나 다음날 그 자리에 가니, 여우가 맘속에 간직했던 그 노란 양동이는 사라져있었다. 그

전까지는 항상 제자리에 있었던 양동이가, 하필 여우가 양동이를 가져 오기로 한 날에 사라진 것이다.

  숲 속 친구들은 슬퍼하는 여우를 위로하며, 이렇게 말한다. "노란색 양동이는 그것 말고도 많아." 다른 노란색 양동이를 찾아볼 수도 있고, 시장에서 살 수도 있을테니 말이다. 하지만 여우는 고개를 젓는다. "아니야, 괜찮아." 그렇게 동화는 끝이 난다.

  나는 여우를 이해할 수 있었다. 세상에 노란 양동이는 많다. 살 수도 있고, 다른 노란 양동이 주인에게서 받아올 수도 있다. 하지만 여우는 그렇게 하지 않는다. 어떤 노란 양동이라 하더라도, 심지어 자신이 원래 봐두었던 양동이과 똑같은 모양 똑같은 크기라 해도, 자신이 잃어버린 양동이와 완전히 같지는 않기 때문이다. 여우가 잃어버린 그 양동이는 여우가 매일 밤 떠올리며 설레고, 매일 아직도 제자리에 있는지 확인하러 오면서 애정과 시간을 준 유일한 양동이다. 어떤 양동이도 여우가 원래의 노란 양동이와 보낸 시간을, 마음을 되찾아주지는 못할 것이다. 눈길도, 시간도, 애정도 쏟지 않고서 그저 가게에 가 돈을 지불하고 1분 만에 휙 하고 가져오는 양동이라면 더더욱 여우가 잃어버린 양동이를 대체할 수 없다.

  내가 잃어버린 그 원서도, 여우가 잃어버린 노란 양동이와 같은 것이었다. 아마존엔 분명 똑같은 책들이 넘쳐 났다.

어쩌면 더 근사할 수도 있을 것이다. 종이도 누렇게 변색되지 않았을 거고, 이번엔 겉면 비닐이 끝까지 덮여 있을 것이고, 쏟아진 물에 울룩불룩해지지 않은, 보기만 해도 기분 좋아질 만큼 반듯한 책이 올 것이다. 하지만 그 책을 받는다고 무엇이 달라질까? 이미 나의 책은 사라졌다. 공장에서 수천 권의 "백조의 여름" 원서를 다시 찍어내더라도 "나의 책"은 영원히 구할 수 없을 것이다. 어떤 책이 오더라도, 내가 잃어버린 책과 함께 했던 시간, 경험, 손길, 눈길, 그리고 마음을 되찾아주지는 못할 테니까. 아마존 구매 버튼을 누르려던 나는 고개를 저으며 생각한다. "아니야, 괜찮아."

그렇지만 그 책의 내용은 여전히 그리웠다. "백조의 여름"을 고등학교 때부터는 제대로 읽지를 못했으니까. 맨날 무슨 대통령 선서하듯 책에 손만 얹거나, 표지 구경이나 하거나, 책을 후르륵 넘기며 원서 특유의 내지 냄새를 맡아볼 뿐이었다. 실물 책을 사고 싶지는 않은데, 책은 다시 읽고 싶었다. 그래서 원서 e-book을 구입하게 됐다. "백조의 여름"은, 모니터 속에 들어있다는 것만 빼고는, 여전히 그대로였다.

눈이 아파 금방 노트북을 덮어버릴 줄 알았는데, 나는 또다시 앉은 자리에서 책을 다 읽었다. 5년 전 중학생일 때, 내 머릿속을 가득 채우며 소란을 피웠던 문장들이 다시금 일어나 내 머리를 헤집고 다녔다. 질척한 우울 속에서 숨 막혀 죽은 줄 알았던 내 머리가 조금씩 잠에서 깨어나고 있었다.

그때, 어쩌면 번역을 다시 해볼 수 있을 지도 모른다는 생각이 들었다.

재개

결론부터 말하자면 어렵도 없었다. 번역을 하고 싶을 생각이 들 정도라는 건, 내가 드디어 우울증에서 벗어났다는 뜻이었고, 우울증에서 벗어났다는 건 우울에 절여진 정어리 신세일 때 저질렀던 실책들을 수습할 시기가 왔다는 뜻이었다. 속된 말로 '싸질러놓은 똥'이 한 두 개가 아니었다. 성적도, 인간관계도, 건강도, 그리고 나 자신도. 모든 걸 제자리로 돌려놓아야할 때가 왔다.

 가장 먼저 시작된 변화는 잠과 밥과 옷이었다. 새벽에 자서 다음날 해질 때가 되어서야 일어나는 생활을 반복했던 나는 천천히, 규칙적인 수면 습관을 회복하기 시작했다. 우울증으로 늘어난 잠이 감당이 되지 않아 밥도 자연히 굶고 정말 잠만 잤었는데, 상태가 나아지면서 하루 세 끼를 챙겨

먹게 되었다. 그러다보니 "음, 다시 옷을 좀 사볼까?"라는 생각이 드는 순간이 찾아왔는데, 그때 정말 행복했다. 내가 드디어 나를 돌보기 시작했구나. 그걸 느낄 수 있었기 때문이다.

  두 번째 변화는 연애였다. 우울증을 극복할 수 있었던 가장 큰 힘 중 하나가 지금까지도 곁에 있는 애인 덕분이었다. 사랑을 받고 또 사랑을 주기 시작하면서 친구들도 하나둘씩 다시 되돌아보기 시작했다. 지웠다 깔았다를 반복했던 카톡도 휴대폰 한 구석을 차지하는 시간이 점점 길어졌다. 답장이 더는 버겁지가 않았다. 내게 보여주는 관심과 지지가 고마웠다. 그리고 오랜 시간 무심했던 가족과 친구들에게 정말 미안해졌다. 더욱 정신을 차려야만 했다.

  세 번째 변화는 공부였다. 그러니까, 나는 다시 공부할 수 있을 만큼의 정신상태가 그리워지기 시작했다. 인내심, 끈기, 집중 같은 것 말이다. 공부를 하면서 느낄 수 있는 정신의 건강함 때문에 다시 공부를 시작했다. 공부를 할 수 있는 상태가 되었구나. 그런 순간이 찾아왔을 때 마치 신이 수정된 진단서를 떼어준 것 같았다.
 '이제 다시 정상으로 돌아옴.'

  그렇게 나는 남은 학기, 다른 것에 한눈 팔지 않고 공부와 연애에 올인했다. 정말 열심히 공부했고, 연애는 지금도 열심히 하고 있다. 모든 걸 포기했고 모든 게 그저 짐이었던 내가, 다시금 나를 둘러싼 모든 것을 '하고 싶은 것', '좋아하는 것'으로 바라보고 열정을 갖고 달려든다는 건 정말 건강한 경험이었다. 성취는 나에게 내가 다시 일어설 수 있는 인간임을 보여주었다. 번역을 할 새는 없었고, 이제 나를 구원해줄 바이블도 사라져 아주 차갑고 가볍기 그지없는 넷상의 e-book 데이터로 남아버렸지만, 상관없었다. 이제 나는 책에 손을 얹고서야 숨을 고를 수 있는, 그런 어린 아이가 아니었으니까. 그렇게 꼬박 6개월, 나는 정신적인 재활을 시작했고, 그 발단이 되어주었던 번역에게서 또 다시 멀어졌다.

처음 기본적인 의식주에서부터 인간관계, 그 다음 내가 가진 지위와 의무까지 챙기며 인생의 기본기가 다시금 안정되었다. 살만해지자, 잉여분의 심미적 열정이라는 게 다시 고개를 들었다. 예술도 배불러야 할 수 있다고 했던가. 번역이 맘 속에 떠올랐다.

§

마침내 번역을 할 여유가 생긴 건 대학교 3학년 올라가는 겨울방학이 되어서였다. 그때부터 나는 다시 "The Summer of the Swans"를 번역하기 시작했다.

대학생의 방학이란 원한다면 완전한 자유를 제공해주었기

때문에, 나는 비교적 여유롭게 번역을 시작할 수 있었다. 물론 책을 읽다보면, 도저히 번역을 멈출 수가 없어서 이번에도 번역은 거의 2주 만에 끝이 났다.

  이번 번역에는 새로운 목표가 있었다. 나는 중학교 때에도 "백조의 여름"을 번역한 뒤, 표지와 내지 그림들을 직접 그려서 한 권을 제본 맡긴 적이 있다. 사람들이 다꾸를 통해 예쁜 다이어리를 완성하듯, 제본은 나에게 이 번역을 끝내고 나만의 창작물을 만들었다는 상징적인 행위였다. 그때 구상해두었던 표지나 내지 이미지들을 좀 더 보완해서, 더 나은 번역본을 만들겠다는 게 대학교 3학년 번역의 목표였다. 또 항상 머리로만 구상해두었던 인물들의 설정과, 내가 좋아하는 장면들을 스토리보드처럼 그린 장면화들도 함께 싣고 싶었다. 아쉽게도 후자는, 막상 번역에 표지와 내지 작업까지 끝내고 나니 그냥 얼른 제본하여 결과물을 갖고 있고 싶어서 실현하지 못했다. A4에 대충 그린 스캔본 한 장만 혼자 만든 번역본 마지막에 실었을 뿐이다. 그걸 이번 번역 에세이를 적으며 보완해본 것이, 앞서 1부에서 소개했던 각 인물들의 캐릭터화이다. 하지만 내지와 표지 그림에는 제법 시간을 쏟을 수 있었다. 번역은 끝난 지 오래였지만 그림 작업이 오래 걸려서, 6개월 뒤인 여름방학 때 마침내 제본을 맡겼다. 그렇게 해서 엮은 것이 가장 최근의 "백조의 여름" 번역본이다. 오랜만의 성취였다.

§

　지금부터는 잠깐 대학교 때 그린 내지 그림들을 소개해보고자 한다. 우선 내지 그림은 총 7장인데, 왜 23챕터로 구성된 "백조의 여름"의 실제 챕터수보다 적은지부터 설명이 필요하겠다. 나는 23장을 다시 7개의 부로 구분했다. 당연히 원작에는 없고, 어차피 번역해서 나 혼자 보는 것이기에 내가 이 책을 번역할 때 느끼는 호흡을 기준으로 나누었다. 그리고 각 부의 구간마다 내가 생각하기에 가장 핵심적인 장면들을 꼽아 내지 그림을 그렸다.

　그때 그렸던 내지와 표지 그림들이 다음의 그림들이다. 당시엔 아이패드를 사기 전이라서, 프로그램은 '포토샵'과 '페인터', '사이툴'을 돌려가며 사용했고, 필압 감지가 되지 않는 태블릿으로 겨우 그려냈다. 그래서 퀄리티는 좋지 않았지만, 항상 내 머릿속으로만 상상하던 이미지를 구현해낼 수 있어서 즐거웠다. 그림들을 통해 내가 번역을 하면서 상상했던 장면들이 보다 잘 전달되었으면 좋겠다.

중학교 졸업직전에 만든 번역제본

대학생 때 만든 번역제본 표지
디자인이 그나마 늘었다

III
The Torn Pajamas

IV
Next Morning

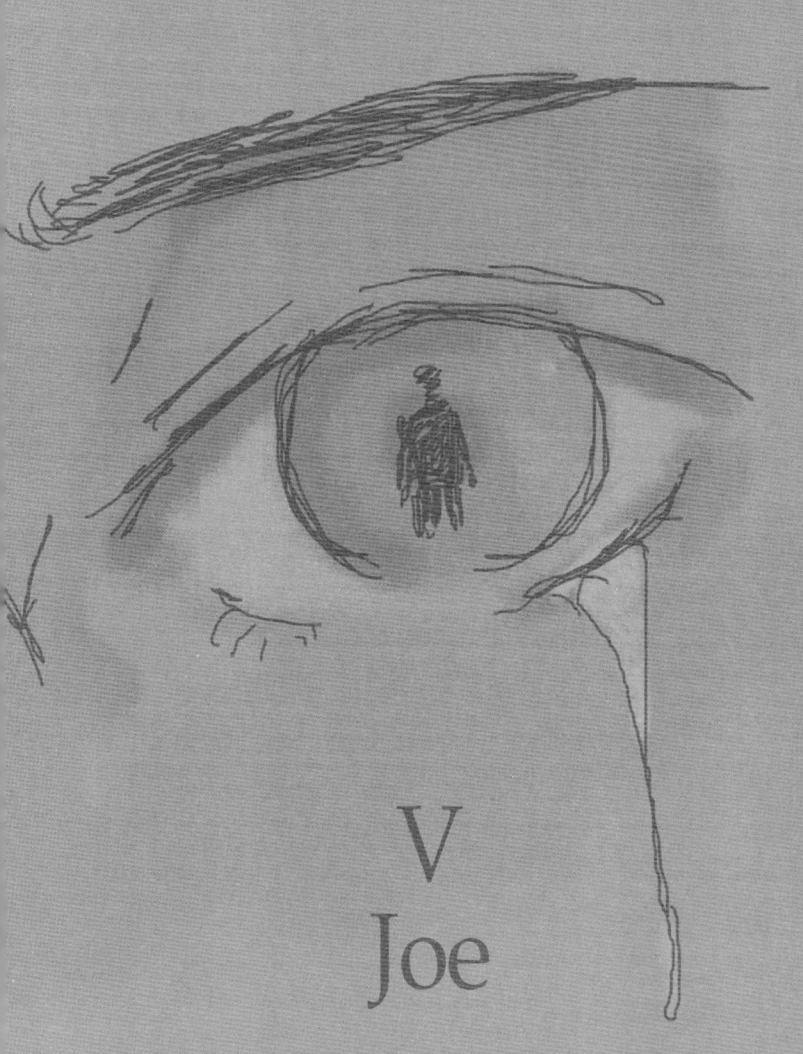

V
Joe

VI
Hide and Seek

VII
Afternoon

"I. The Porch현관"는 사라가 찰리의 막대 빠진 사탕을 고쳐주다가, 완다와 윌리 고모의 실랑이를 지켜보는 원작의 4장까지이다. 전반적으로 인물과 인물들의 심리 상태, 성격이 소개되는 단락이고, 주요 배경이 사라의 집 현관부터 앞뜰까지이기 때문에 제목을 다음과 같이 설정했다.

이 앞뜰에서의 소동의 시간대가 딱 해가 슬슬 지기 시작하는 시간대이다. 찰리가 이불로 만든 텐트 안에 들어가 있어도, 낮게 내려온 태양 때문에 찰리의 그림자가 영사기 불빛을 쏜 스크린처럼 이불에 다 비치는 시간. 윌리 고모의 꽥꽥거리는 고함 소리만 없다면 제법 나른하고 평화로울 수 있는 시간. 때문에 이 시간을 상상할 때면 항상 사라네 집 앞뜰을 황금빛으로 물들인 태양, 이불 텐트 안에 쏙 들어가 있는 귀여운 찰리의 그림자, 바람에 살랑이는 잔디, 반투명하게 반짝이는 아름다운 나뭇잎이 떠올랐다. 그런 모습을 담아보려 애를 썼다.

"II. The Lake강"는, 찰리와 사라가 함께 백조를 보러 강에 간 부분까지이다. 사라가 사춘기로 인해 맞이한 감정의 변화가 세밀하게 드러나 있는 부분으로, 원작의 7장까지이다. "강"의 경우, 앞으로 사건의 발단이 될 백조와 찰리의 만남이 처음으로 이루어진 공간이어서 2부의 이름으로 설정했다.

사라의 혼란스러운 감정과, 앞으로 일어날 비극을 암시하기 위해 해가 져 검붉게 어두워져가는 강가를 강렬한 빨강,

주황, 분홍을 섞어 표현했다. 비록 최종 처리는 흑백으로 되어버리긴 했지만 말이다. 엉킨 실타리 같은 선은 사라의 심리 상태와 불길한 기운을 함께 나타낸다. 해가 아이들을 잡아먹을 듯 표현되면 좋겠다고 생각하여 늘 해를 과장해서 그렸다. 와중에 이 책의 주요 소재인 백조를 표현했고, 나란히 앉아 있는 사라와 찰리를 배치하여 아이들의 나약함과 그럼에도 느껴지는 우애를 표현하고 싶었다.

"III. The Torn Pajamas찢어진 잠옷"는, 찰리가 백조를 보기 위해 홀로 집을 나섰다가 결국 숲 속에서 길을 잃고 마는 장면까지를 다루었다. 원작의 10장까지이며 이야기가 '기승전결' 중 본격적인 '승'에 진입한 구간이기도 하다. 이 부분을 읽을 땐 이리저리 도망가는 찰리의 급박함이 느껴져 항상 마음이 아팠다.

이 3부의 그림은 제법 바뀌었다. 원래 중학교 때 처음 떠올렸던 이미지는, 사라네 집이 영화 〈몬스터 하우스〉의 집처럼 마구 요동치고, 그 가운데 찰리네 방 창문에서 백조의 형상을 한 혼령들이 쏟아져 나오는 모습을 상상했다. 하지만 대학생 때 번역을 하면서는, 보다 10장까지 이야기를 통합할 수 있고, 찰리가 집을 나온 상황, 그리고 찰리를 집어삼킨 숲의 무서움을 더 잘 표현할 수 있게 배경을 숲으로 바꾸었다. 어둑한 숲 속에서 찰리가 지나갔음을 암시하는 끊어진 철조망과 떨어진 신발을 그렸다. 찰리가 본 백조의 망령은 한 쪽 귀퉁이에 그렸다. 하지만 흑백 제본을 맡긴 뒤

보았을 때 이 부분은 잘 보이지 않아 아쉬웠다.

"IV. The Next Morning다음날 아침"은 말 그대로 찰리가 사라진 걸 알아차리는 다음날 아침 부분으로, 원작의 13장까지이다. 마냥 마귀할멈 같은 줄만 알았던 윌리 고모가 얼마나 찰리를 사랑하는지 간접적으로 알 수 있는 대목이다. 특히 찰리 실종 신고를 하러 전화를 걸었던 경찰이, 찰리가 그냥 가출한 거 아니냐는 식으로 대응하자 윌리 고모가 폭발하여 말로 가히 '폭격'을 퍼붓는 장면은 아이코닉하다. 또 이 4부에서는 동시에 처음으로 사라의 아버지와 그의 사정, 그리고 아버지에 대한 사라의 불편한 감정 등이 드러난다.

이 부분의 그림은 항상 비슷했다. 평화로이 아침 햇살이, 불을 켜기엔 애매한 집을 밝혀주고 있는 아름다운 광경 속에서, 수화기 속 '비상연락망 - 911' 번호가 적힌 쪽지를 병치함으로써 사라네 가족이 처한 상황을 드러내보려 했다.

"V. Joe조"는 사라의 숙적인 조와의 관계가 조금씩 변화해 마침내 화해하기에 이르는 16장까지를 담았다.

원래 중학생 때는 이 단락이 조를 대할 때 드러나는 사라의 섬세한 성격을 매우 잘 표현한다고 생각해서, "Sara사라"라는 이름을 붙이고 그림도 사라가 자신의 여러 주변 인물들의 사진들에 둘러싸인 모습을 상상했었다. 하지만 이 장은 사라와 조의 관계가 보다 핵심적이고, 조가 이야기에서 차지하는 비중이 커서 반드시 한 부 정도에는 제목으로 등장해야 한다고 느꼈다. 그래서 최종적으로는 분노의 눈물을 흘리는 사라의 눈에 조가 어렴풋이 비친 모습을 그리게 되었다.

"VI. Hid and Seek숨바꼭질"에서는 사라와 조의 탐색이 지지부진한 19장까지를 담았다. 조와 사라의 관계가 가까워지는 게 보여 뿌듯해지는 부이기도 하고, 동시에 찰리에 대한 사라의 깊은 애정이 잘 드러나는 부라 매우 좋아한다.

그림의 경우, 햇빛이 거의 들지 않아 낮임에도 어둑한 깊은 숲 속을 걷는 사라와 조를 그렸다. 이 부분의 그림도 거의 변하지 않았다.

"VII. Afternoon 오후"는 마침내 찰리를 찾고 사라가 보다 성장한 자신을 마주하게 되는, 마지막 23장까지로 구성된다.

아름다운 햇볕이 내리쬐고, 멀찍이 백조들이 날아감으로써 사라에게 닥친 폭풍도 지나가고 새로운 장이 시작되었음을 드러내고자 했다. 중학교 때는 사라와 찰리, 조가 숲을 나오는 시선에서, 숲의 입구로 보이는 언덕과 그 너머의 아름다운 하늘, 그리고 날아가는 백조를 상상했었다. 하지만 보다 탁 트인 하늘을 통해 사라의 미래를 표현하고 싶었고, 최대한 날아가는 백조에게 시선을 집중시키기 위해 오브제들을 좀 덜어냈다.

§

생일 딱 한 달 전인 8월 29일. 그림 작업까지 마무리되며 모든 작업이 끝났다. 밤이었다. 무언가 나의 번역을 기념할 수 있는 일을 하고 싶었다. 그래서 번역본 맨 마지막에 다음과 같은 후기를 덧붙였다.

번역을 하고 그리면서 그 과정은 늘 똑같다. 처음에는 하루에 딱 3장씩 정도만 번역을 한다. 하지만 그 후로 견디지 못하고 엄청난 속도로 번역을 하기 시작한다. 이 이야기의 끝을 보고 싶어서, 얼른 또 다른 번역본을 내고 싶어서.

〈The Summer of the Swans〉는 이미 우리나라에 '열 네 살의 여름'이라는, 원제의 각운을 완벽하게 구연한 좋은 번역으로 나와 있다. 이미 번역서가 있고, 너무나 오래된, 그것도 청소년 소설임에도 불구하고 이 책을 번역한 게 10번은 넘는다. 왜 이토록 번역을 계속 하는 것인지는 나도 모르겠다. 다른 번역들을 좋아하는가 하면, 노래 가사를 번역하는 정도이다. 한 책을 너무 번역하고 싶다고 느꼈던 건 이 책, 이 작가 외에는 거의 없다.

번역을 하면 꼭 경주마가 된 기분이다. 나는 이 책을 너무나 잘 안다. 이 책의 첫 장은 보지 않고도 어떻게 시작하는지 욀 수 있다. 어떤 부분이 나를 슬프게 하는지, 어떤 부분에 어떤 그림이 그려지는지, 이 장면에서 햇빛은 어떠할 것이고 바람은 어떠할 것이며, 어떤 소리가 들릴지, 이제 너무너무 잘 안다. 하지만 번역을 할 때마다 그 알프다운 광경은 머리에서 되살아나는 것이지, 항상 내 머리에 있는 것이 아니다. 그래서 늘 내가 너무나 사랑하고 나를 너무 벅차게 하는 그 장면을 다시 되살리기 위해 번역을 하는 것 같다. 그래서 그렇게 조급하게 구는 것 같다. 좋아하는 영화를 계속 돌려보는 사람처럼, 번역을 해야만 살아나는 무언가가 있다.

이 책은 엄청 소중하다. 완벽히는 아니지만 이 책의 그림은 모두 내가 그렸고, 최대한 머릿속에 번역할 때 무엇이 떠오르는지를 되살리기 위해서 애를 썼다. 고작 한 장이지만 나는 어떤 모습의 주인공들을 상상하는지, 어떤 모습의 장소를 그리는지, 그 모든 광경들을 조촐한 컨셉 아트로 다 살리려고 애썼다. 각 챕터를 임의로 나눈 것도 나의 선택이었고. 그 그림들은 모두 번역을 할 때마다 나를 사로잡는 망령 같은 이미지들이다.

이 번역은 잘 번역한 것도 아니다. 매끄럽지도 자연스럽지도 않다. 나는 영어를 잘 하지도 못할 뿐더러 번역을 잘 하는 건 더더욱 아니다. 표현력이 뛰어나지도 않다. 이 번역은 오로지 나를 위한 것이다. 사실 번역을 하기보다, 그림을 그리는 것에 가까운 작업이다.

번역하는 내내 정말로 행복했다.
다음 생에는 내가 꼭 애니메이터가 되길 바란다.

2019.8.29. 목요일 오후

말투는 정말 비장하지만 사실 맞춤법 검사도 하지 않고 그대로 실어서, 이번에 옮겨 적으며 몇몇 표현은 손봐야 할 정도였다.

에세이를 쓰기 위해 중학교 때부터의 번역 경험을 회상하면서, 그때의 번역으로부터 너무 많은 시간이 지나버린 대학교 3학년, 번역할 때의 감정이 많이 달라져 있을 것이라 생각했다. 그런데 지금 다시 번역본의 에필로그는, 내가 중학생 때 "백조의 여름"을 번역하며 느꼈던 것과 별반 다르지가 않다. 하루에 딱 3장만 하자, 라며 시작하지만 결국 다른 걸 다 재쳐두고 책의 결말까지 달리는 것도, 번역을 할 때 한 마리의 경주마가 되는 것도 똑같다. "열네 살의 여름"이라는, 이미 세상에 나와 있는 번역본의 존재를 깊이 의식하고 있는 것도 똑같고, 번역을 하며 떠오르는 이미지들을 차마 글로 다 옮길 수 없어 답답해하는 것도 여전했다. '이 번역은 오로지 나를 위한 것이다.'라고 덧붙이며 집요하게 관객 없는 번역을 하고 있는 것도.

그런데 한 가지 변한 게 있다. 번역을 할 때 있어서의 마음가짐이었다.

잠깐 다른 이야기를 해보자. 대학교 3학년 때 번역을 재개하기까지 나는 대략 5년 동안을 번역과 떨어진 채 살았다. 잠시간 번역을 그만두었던 이유가 무엇이었는가? "열네 살의 여름"이라는 완벽한 운율, 그 운율을 나는 결코 살리지도 상상하지도 못할 거라는 절망감이었다. 나의 번역은 오직 나의 미학적 만족을 위한, 극도로 이기적인 번역이었고 이 번역이 나에게는 어떤 감명을 줄 수 있을지 몰라도, 〈The Summer of the Swans〉를 한국어로 처음 읽는 독자들에게는 오히려 책의 아름다움을 전해주지 못할 것이라는 걸 나는 인정하기가 참 힘들었다. 내 번역이 개인적 취미로 남지 않는 이상 남들에게는 오히려 독이 되는 번역일 것이니까 말이다.

그런데 이제는 안다. 내 번역이 완벽하지 않다는 이유로 금방 번역을 그만뒀던 게 상당히 건방진 일이었다는 걸. 제대로 번역을 배워보지도 않고서, 쉽게 완벽하기를 바랐던 거니까. 이번에는 그런 실수를 반복하고 싶지 않았다. 번역이 잘 되지 않거나, 나의 한계가 느껴질 때에도 담담하게 인정하고서 번역을 계속 해나갔다. 그래서 대학생 때의 번역은 남을 위한 번역인지까지는 모르겠지만, 최소한 '그럴 거면 번역을 하지 말고 다른 걸 해. 번역본 읽는 사람한테 민폐야.'라는 말을 들을 법한 번역들은 줄이려고 정말 노력했다.

또 다른 큰 변화는, 좀 더 한국어에게 자리를 많이 내어주려 했던 것이다. 영어의 위트만을 찬양하던 아집은 내려놓고, 영어에서 느껴졌던 재치를 각주 달아 설명하지 않고도 한국어 문장에서 고스란히 느껴질 수 있게 많이 고민하며 번역했다. 중학생 시절 번역은 영어의 "Um-"이라는 말버릇을 그대로 "엄-"이라 적었다고 말 했던가? 한국사람 중에 "음"도 아니고 "엄"이라 하는 사람이 몇이나 있을까. 내가 "Um"조차 그따위로 번역했던 이유에 대해 말도 안 되는 변명을 해보자면, 영어로 읽을 때 그 "Um-"이 주는 특유의 비음이 좋았다. 그럴 거면 번역을 하지 말고 그냥 녹음을 해서 보이스 드라마를 만들어야 했다. 그래서 대학생 때 한 번역에서는 한국식으로 표현할 수 있는 부분들은 최대한 한국식으로 고쳐서 번역을 했다.

그러나 변해야 하는데도 여전히 바뀌지 않은 것도 있었다. 바로 제목이었다.

나의 새로운 번역본의 이름은 여전히 "백조의 여름"이었다. 정말 새로운 시작을 하려 했다면 제목부터 고쳐볼 수 있을 터이다. 물론 제목은 잘못 번역하면 문장 하나를 잘못 번역한 것과 비교도 안 될 정도로 영향력이 크기는 하다. 아예 작품의 첫인상 자체를 결정하니까 말이다. 원작보다 더 좋은 제목으로 번역되는 작품들도 많지만, 원작 마니아들에게 욕을 먹는 의역들도 많다. 그래서 그런 건지는 몰라도, 요즘 한국에 수입되는 영미 영화들은 제목 의역을 거의 하지 않는 것 같다-심지어 영어 발음 그대로 쓰기도 한다(물론 이번에는 저게 번역이냐며 욕을 먹는다. 영화 번역가분들도 정말 힘드실 듯하다). 그만큼 원제가 지닌 함축성과 어감을 살리면서도, 처음 그 작품을 접할 사람들에게 어떠한 힌트가 되어줄 수 있어야 하는 어려운 작업이다. "열네 살의 여름"은 그렇기에 정말 훌륭한 제목 번역이다. 어쨌든 이 정도까지는 아니더라도, 나 역시 새로운 제목을 고안해볼 수도 있었을 것이다.

하지만 나는 제목이 들어갈 자리에 "백조의 여름"을 꾹꾹 눌러 담았다. 제목의 결함을 잊어버렸다든지, 차마 제본을 맞추기로 계획한 기한 내에 새로운 제목을 떠올릴 수 없었다든지 했던 게 아니다. 이 번역본의 이름은 "백조의 여름"

이어야만 했다.

왜냐하면, 그건 내 번역의 한계를 받아들였다는 표식과도 같은 것이었기 때문이다. 나의 한계라 느껴져서 부끄럽기만 했던 "백조의 여름"을 봐도, 이제 더는 괴롭지 않았다. 보이지 않는 누군가에게 진 것 같은 패배감도 더는 들지 않았다. 나는 다시 태어나도 결코 "열네 살의 여름" 같은 제목을 만들어낼 수는 없겠지만, 이제는 괜찮았다. 내 번역이 가진 미숙함조차도 내 번역의 일부일 수밖에 없다는 걸 받아들였다. 그걸 인정하고 나자, 나는 다시금 번역을 즐기게 되었다. 사라가 윌리 고모를 잔소리꾼이라 불평하지 않고 사랑할 수 있게 된 것처럼, 찰리를 창피해하지 않고 사랑할 수 있게 된 것처럼, 언니 완다를 질투하지 않고 사랑할 수 있게 된 것처럼, 조를 도둑으로 몰아새우지 않고 그가 실은 아주 좋은 사람임을 인정할 수 있게 된 것처럼.

그렇게 되기까지 정말 긴 여정이 필요했다.

"백조의 여름" 마지막 챕터에서, 사라네 집으로 전화 한 통이 걸려온다. 아빠였다. 찰리는 이미 사라와 조에 의해 구조되어, 윌리 고모네에서 한가로이 수박을 먹고 있었지만 아빠가 이를 알고 있을 리는 만무했고, 소식이 없자 걱정이 되어 전화한 것이었다. 사라는 전화를 건 상대가 아빠임을 알아차리고 어색함을 참지 못해 고모를 부르러 가려 했지만, 저를 부르는 아빠 때문에 얼떨결에 아빠와 전화를 이어나가게 된다.

  그때 사라의 아버지는, 찰리가 무사하다는 소식을 들은 뒤, "다행이구나." 그 한 마뒤 디에 한참을 뜸 들인다. 하지만 결국 사라에게 사랑한다는 말을 하지 못한다. "그럼 별일 없으면 토요일에 보러가마." 그 말로 자신의 마음을 뭉뚱그릴 뿐이다. 그는 이미 너무 오랜 시간 가족과 떨어져 있었고, 아내의 죽음을 극복하지 못하고 과거에 머물러 있었다. 웃음을 잃어버린 채.

  사라는 생각한다.

> (가족 앨범에서 보았던) 부러진 이에 곱슬머리를 가진, 웃고 있는 남자의 사진이 떠올랐다. 그 순간 사라는 인생이란 마치 거대한, 고르지 못한 계단과 같은 것이란 생각이 들었다. 그리고 그 위에 서 있는 사라 자신이 보였다. 계단 위에 서서, 꿈쩍도 하지 않으며 계단 위에 서 있는 자신이. 사라 앞으로, 인생이라는 계단이 하늘까지 이어져 있었다. 저 아래에 찰리도 보였다. 좀 더 작고, 남들보다 좀 더 복잡한 계단 위에서, 찰리는 열심히 움직이기 있었다. 사라의 아빠는, 그보다 좀 더 아래에 있는 계단에서, 그저 주저앉아 앞으로 나아가려 하지 않았다. 그 순간 사라는, 모든 사람들이 그들만의 보이지 않는 인생이란 계단에 서 있는 모습이 보였다. 모든 것이 분명해졌다. (p.85)

아마 사라는 이다음에, 그저 주저앉은 자신의 아빠와는 달리, 한 걸음 더 앞으로 내딛게 될 것이다.

만약 사라가 나의 계단도 볼 수 있었다면 나는 어떤 모습이었을까? 오래도록 주저앉아 있다가 천천히 다시 일어나고 있는 날 보지 않았을까. 한 쪽 손엔 여전히 "백조의 여름"이라고 눌러쓴 번역본을 꼭 쥔 채 말이다.

홀로 보는 번역은 아름다울 수 있는가

　　　　　여전히 번역이 취미인 나에게, 두 가지 선택지가 있다. 남들과 공유될 수 있는 번역을 전문적으로 배워보기 시작하는 것과, 계속해서 혼자만을 위한 번역을 해나가는 것. 대학생이 된 나는 다시 한 번 후자를 택했다.

혼자 보는 번역이 의미가 있을까? 애초에 번역이, 타지의 작품을 사람들에게 읽히기 위한 기술적 작업임을 감안하면, 남들에게 읽히지 않는 번역은 가치가 없지 않을까? 누군가는 그리 물을 수도 있을 것이다. 좀 더 직설적으로 말하자면, 읽히지도 않는 번역 같은 걸 뭐하러 하겠는가?

번역을 필사와 같은 것이라 생각하는 이들도 있다. 악필인 사람이 필사 해주는 사람을 불러 그 필사가의 서체를 빌리듯, 번역 역시 언어만 달라질 뿐 그저 베껴 쓰기에 불과한 것이라고 여기기 쉽다. 번역이 정말 단지 '베껴 쓰기' 같은 단순 노동에 불과하다면, 내 취미는 날이 갈수록 똑똑해지는 인공지능 번역기들을 놔두고 헛일하는 짓거리다. 2020년. '나 증여한다 당신에게 금전.' 같은 서투른 번역으로 조롱거리가 되던 번역기의 시대는 끝났다. 이제 AI를 탑재한 번역기들은 의역도 잘 해주고, 나보다 비교가 되지 않을 정도의 영어 지식을 갖추고 있다.

하지만 실제 번역은, 이쪽 언어에서 저쪽 언어로 문장을 옮겨주는, 그런 단순한 블록 옮기기와는 다르다. 그보다 번역이란, 기술을 포함하는 예술에 가깝다.

A나라말로 쓰인 문장을 블록이라고 상상해보자. 그리고 그걸 B나라말로 번역해야 하는 상황이다. 이제 번역가는 거중기가 되어, A나라블록을 집어 든다. 그리고 우선 그 블록이 어떤 블록인지를 탐색하고(즉 단어의 뜻을 파악해야 하고), 블록이 들어갈 B나라 규격에 완벽하게 들어맞도록 조심스레 블록을 내려놓아야 한다. 문제는 블록을 요구되는 규격에 맞도록 다듬는 과정이 생각만큼 단순하지가 않다는 것이다.

왜냐하면 번역이란 한 언어의 규격을 그저 수동적으로 따르기만 한다고 되는 게 아니기 때문이다. 만약 번역이 이렇게 단순하다면, 번역가들이 골머리를 앓을 필요는 없다. 예를 들어 A나라에서 생산된 블록이 B나라의 블록 규격에 비해 너무 크다면, B나라 규격에 맞춰 그냥 블록을 자르기만 하면 된다. 영어 문장에서 관계대명사를 통해 줄줄이 이어지는 긴 문장을 한국어에서는 문장 둘로 나누어 표현하는 게 이에 해당할 것이다.

그런데 단순히 규격을 변형하는 것만으로 부족한 경우가 있다. 예를 들어보자. 혹시 아리아나 그란데가 아역 배우 시절 출연한 시트콤 "빅토리어스"를 아는가? 나는 유튜브에 떠도는 "빅토리어스" 클립들을 종종 챙겨보는 편인데, 이 "빅토리어스"의 여러 캐릭터들 중에서도 까칠한 제이드와 능청스러운 벡 커플을 좋아한다. 그런데 하루는 제이드가 몹시 기분이 안 좋은 상태에서, 벡에게 거의 커피 사오라는 명령에 가까운 투로 "I want coffee커피 먹고 싶어"라고 말한다. 이에 벡은 이렇게 되묻는다.

"What's the magic word?"
이제 이 말을 어떻게 번역해야 할까?

번역이 단순히 블록 옮기기와 같은 것이라면, 이렇게만 써도 된다: "마법의 단어가 뭐지?"
문제는 이 "마법의 단어"가 무엇인지 한국어 문화권의 사람들은 전혀 모른다는 것이다. 영어에서 "마법의 단어"는 "please"를 뜻한다. "please"는 "Help me, please제발 도와줘"처럼 보다 공손하게 부탁할 때 붙이는 부사이기도 하고, 단독으로 쓰이면서 맥락에 따라 "제발 해줘", "제발 그만 좀 해" 등 다양한 의미를 구사한다. 어찌 되었든 "please"를 붙이면 그냥 "말할 때보다 훨씬 상대를 존중하는 느낌을 주고, 덕분에 상대를 설득하기 쉬워진다는 점에서 "마법의 단어"라고 부른다. 그렇다고 번역본에 "마법의 단어가 뭐지?"라는 표현을 한 뒤 각주를 달고 앞서 설명한 것들을 길게 써놓을 수는 없지 않겠는가?

 게다가 본래 표현 자체는 의문문이지만 정말로 "마법의 단어"가 무엇인지 몰라서 묻고 있는 상황은 아니다. 그보다는 "마법의 단어", 즉 "please"를 붙이라는 청유에 가깝다. 그렇다면 아래와 같이 바꾸어 보자:
 "마법의 단어 말 해야지."

 하지만 여전히 이 "마법의 단어"는 문제적이다. 한국에서 문화적 합의가 있는 표현이 아니기 때문이다. 이처럼 한 문화권에서만 합의되어있는 관용어를 직역하는 건 바람직한 번역은 아니다. 입장 바꿔서, 영미 문화권에 가서 한국 속담 '누워서 떡 먹기'를 그대로 말한다고 해보자. 그걸 상대방이 알아들을 수 있겠는가? 일단 떡이 뭔지부터 설명해야하고, 그 떡이 아주 오래도록 한국인들의 간편한 간식거리였는지도 부연해야 하고, 그래서 결론적으로 누워서 그 떡을 먹는다는 게 어떤 의미인지까지 말해야 한다. 그런 과정을 거칠

바에야 같은 의미의 영어 표현인 'piece of cake'이라고 말해주는 편이 훨씬 낫다.

  결국 영미 관용표현인 "마법의 단어"를 대체할 다른 말을 찾아야한다는 소리다. 그럼 이렇게 하면 될까? "마법의 단어" 대신, 그 말이 지칭하고 있는 "please제발"를 써보는 것이다:
"'제발'이란 말 해야지."

  하지만 이 표현도 여전히 어색하다. 일단 가벼운 부탁에서도 쓰일 수 있는 please와 달리 한국의 '제발'은 보다 강하게 애원하는 뉘앙스를 가지고 있다. 게다가, 1부에서도 말했지만 영어에서 명사로 말할 것을 한국은 보통 동사로 풀어 말한다. 언어라는 블록은 서로 '규격' 차이가 있는 것이다. 외국에서 "please"라고 하는 걸, 한국에서는 동사에 어미로 붙여서 "~주세요"라고 말한다. 이를 고려한다면 아래와 같이 말해볼 수 있을 것이다:
"'해주세요' 해야지."
 이제 훨씬 자연스럽다.

  그런데 이제 저렇게까지 옮겼으면, 한국 표현으로 선택할 수 있는 게 더 많아진다. "공손하게 말해야지."는 어떨까? 의미적으로 통하지 않은가? 원문 표현이 의미하는 바와도 거리가 멀지 않다. 아예 더 멀리 가서, "너 지금 부탁하는 거 맞니?", "그게 부탁하는 태도야?", "부탁을 해야지.", "말이 짧다?" 등은 어떨까? 벡의 성격이 너무 까칠해 보인다는 건 우선 미뤄두고, 이 표현들은 쓰일 수 없는 것일까? 무엇을 선택하는 게 가장 나은 번역일까?

한 가지 예를 더 살펴보자. 영미 드라마를 보다보면, 자꾸 거짓말을 하는 상대방에게 "Liar!", 즉 "거짓말쟁이!"라고 외치는 장면이 심심찮게 등장한다. 그런데 이 간단한 표현도 번역을 할 때면 상당한 고민에 봉착한다. 이걸 그냥 "거짓말쟁이!"라고 할 것인가?

친구랑 대화를 하는 상황을 상상해보자. 퍽 하면 거짓말을 해대는 A라는 아이가 있을 때, 친구의 입에서 그 아이가 또 거짓말을 한 사건이 나왔을 때 나라면 뭐라고 할까? "거짓말쟁이!"라고 할까? 일단 '거짓말쟁이'라는 표현은 너무 순수하고 문학적이다. 나였다면 구라쟁이, 뻥쟁이, 사기꾼 정도가 튀어나올 것이다. 하지만 표현은 일단 미뤄두고, 우리가 친구에게 거짓말쟁이 A에 대한 불만을 표하면서 "거짓말쟁이!"라는 명사로 말할까?

저 "Liar!"라는 짤막한 명사 표현은 사실 "He is a liar!"의 줄임말이다. 한국말로 표현하면 "걘 순 거짓말쟁이야." 정도가 될 것이다. 길어지긴 했지만 친구 말에 불쑥 "거짓말쟁이!"라고 외치는 한국인을 상상하는 것보다는 훨씬 자연스럽다. 더 거칠게 들어간다면 "뻥 치고 있네", "구라치네" 정도로 표현될 것이다. 어찌 되든 동사형 표현이 더 자연스럽다.

그런데 사실 훨씬 간단한 해결 방법이 있다:

"거짓말!"

이렇게 옮기는 것이다. 한국어에서 "거짓말쟁이!"라고 외치는 일은 없어도, "거짓말!", "거짓말 하지마!"는 많이 쓰인다. 이처럼 좋은 번역이란, 영어의 규격에서 어떤 '말'을 해주길 요구했던 것과 부합하면서도, 한국어의 자연스러운 언어 규칙을 함께 고려할 때 가능해진다.

설명이 길어졌다. 내가 하고 싶었던 말은, 번역가에게 사실 언어의 규격이 이미 정해져서 주어지는 게 아니고, 번역가는 주어진 규칙을 따르기만 하면 되는 상황도 아니라는 것이다. 그보다 번역이란, 번역가가 스스로의 고뇌와 선택을 통해, 두 언어를 조합하며 새로운 규격을 스스로 만들어 나가는 과정이다. 때문에 같은 영한 번역이더라도 번역가가 텍스트에게서 느낀 분위기, 텍스트의 장르, 내용 등에 따라, 영어와 한국어 사이에서 결정한 번역가만의 '규격'은 달라질 수밖에 없다.

따라서 나는 번역이란, 언어와 언어 사이를 오가며 새로운 무언가를 창조하는 예술일 수밖에 없다고 생각한다. 물론 번역가가 아예 새로운 언어를 창조하지는 않는다. 하지만 번역가는 언어성(性)을 창조한다. 언어성의 창조란, 두 가지 언어가 가지고 있는 고유한 성질과 감각을 적절히 혼합하여, 각 언어들이 번역이라는 행위가 접목되기 전까지는 차마 발견될 수 없었던 새로운 차원을 여는 일이다. 가만히 있던 금속체에, 처음으로 어떤 물질을 떨어뜨려서 화학반응을 일으키는 것과 같달까?

이미 원저자가 훌륭한 작품을 다 지어놓았는데, 번역가가 만들어낼 수 있는 부분이 뭐가 있겠냐고 생각할 수도 있다. 물론 이야기는 저자가 다 만들어놓았다. 그렇지만, 그 소설은 또한 결국 저자가 선택한 언어로 쓰일 수밖에 없다. 때문에 저자는 때로 의식적으로 때로 무의식적으로, 자신의 이야기 위에 그 이야기의 매개체가 되는 언어가 가진 독특한 아우라, 즉 고유한 언어성을 선물 포장지처럼 덮어 놓는다.

번역은 이 포장지를 벗겨내는 작업이다. 저자가 작품에 쓴 언어를 버리고 완전히 다른 언어로 다시 쓰는 게 번역가가 하는 일이니까 말이다. 때문에 번역가는, 저자가 써내려간 글과 글의 의미는 그대로 보존해야 하지만, 그 언어성만큼은 자신만의 것으로 가져올 수 있게 된다. 이미 버려질 포장지인 만큼 번역가의 창작성이 허용되는 공간이 바로 이 포장이다. 저자가 씌워놓은 포장지를 얼마나 남겨놓을지를 번역가가 선택해야만 하는 것이다. 포장지를 다 벗겨내면 의미는 명확해지지만, 특히 문학은 의미로만 남겨지는 게 아니지 않은가? 저자들마다 풍기는 고유의 분위기가 있다. 일반적인 선물만 해도 포장지를 어차피 뜯어서 버리긴 하지만, 포장지를 뭐로 하느냐에 따라 선물 받는 사람이 선물에 대해 갖게 되는 인상이 달라진다. 너무 예쁜 포장지는 조심조심 뜯어서 따로 보관하는 사람들도 있다. 번역도 마찬가지다. 포장지를 뜯는다는 것, 저자가 구사하는 언어가 가지는 언어성을 걷어낸다는 건 정말 쉬운 일이 아니다.

의미와 언어성 사이의 집요한 선택은 항상 번역가를 괴롭힐 수밖에 없다. "The Summer of the Swans"도 영어에서만 구현될 수 있는 운율을 구현한 제목이다. 이 제목에서 전체 소설을 아우르는 상징적 존재인 '백조'(의미적 차원)를 살릴 것인가, 운율이 주는 음악성을 살릴 것인가(언어성) 택해야만 한다. 둘이 관객에게 줄 예술적 효과가 전혀 달라지기 때문이다. 번역가는 둘을 조화시킬 수 있는 최적의 지점을 찾으려 애쓰지만, 선택이 불가피할 때가 있고, 결국 자신의 선택으로 하여금 원작에는 없던 새로운 예술적 효과를 발휘하게 된다는 점에서 번역가의 행위는 하나의 예술이 될 수밖에 없다.

번역은 예술이기 때문에 그에 중독될 수밖에 없다. 창작은 항상 새로운 욕망과 쾌감을 제공하니까. 영어 원서를 읽으면 내 뇌는 성실하게 영어 문장들을 한국어로 번역하고, 그럼 이제 한국어 문장들이 내 머릿속을 부유한다. 부유하다보면 어떤 단어들은 마구 반짝인다. 이건 이렇게도 번역할 수 있겠는데? 이 문장은 너무 아름다운데? 이건 이런 번역이 더 좋겠는데? 책을 읽을수록 머리는 더욱 복잡해진다. 마침내 머릿속이 문장들로 꽉 차면 얼른 이걸 종이에 쏟아버려야겠다고 생각하게 된다. 번역이 단순히 이것을 저것으로 옮겨 쓰는 기술이기만 했다면 이 정도의 재미를 느끼지는 못했을 거다. 그것은 예술이기 때문에 재미있고, 재미있기 때문에 계속 해왔다.

이미 창작되어있는 것 위에서 아주 자그마한 창작성을 발휘하는 이 번역이 나에게 더욱 잘 맞았던 이유는, 내가 오랫동안 예술가를 꿈꾸어서인 것도 같다. 나도 어릴 때부터 소설을 썼고, 시를 썼고, 그림을 그렸다. 스스로 예술적인 사람이라고 생각했지만 결국 예술가가 되지 못했다. 왜냐하면 순간적으로 떠오르는 단상들은 많았지만 그걸 이미지로 구현할 만한 손재주는 없었고, 반짝이는 아이디어들은 많았지만 그걸 우직하게 하나의 이야기로 엮어낼 지구력이 없었다. 그저 예술이 될 수 있는 단초들, 반짝거리는 그 조각들만 한가득 가지고 있었다. 한 마디로 능력이 부족했고 나도 그걸 알고 있었다.

그런데 번역은 어떤가? 이미 훌륭한 저자가 만들어놓은 완성된 이야기가 있다. 내가 아름답다고 느끼는 조각들이 모두 모여 있지만, 이것이 다른 언어로 옮겨져야 한다는 이유로 빛을 다 발휘하지 못하고 있는 상황인 것이다. 내가 새로운 소설을 쓸 정도로 탁월한 예술성을 가지고 있지는 못하지만, 예술적 열망만큼은 예술가만큼이나 강하다. 이런 나에게 이보다 더 좋은 상황이 있을까? 어릴 적 상상했던 아름다운 장면, 아름다운 이야기, 표현하고 싶었던 감정과 결들은 이미 작가가 구현해놓았고 나는 그것에 진심으로 공명할 수 있었다. 내가 이야기를 지을 필요는 없지만 그 이야기를 보다 빛나게 할 수는 있었고, 내가 내보이고 싶었던 반짝임들을 이제 다른 이의 작품을 소개함으로써 사람들에게 알릴 수 있는 가능성을 확보하는 행위가 바로 번역이다.

네이버 웹툰의 '2019 루키 단편선'에서 눈여겨보았던 한 작품이 있다. '난로' 작가님의 '태양이 날 위해 내리쬐지 않으나'라는 작품이다. 주인공은 춤에 대한 예술적 안목은 있지만 춤을 추는 데에 있어서는 뛰어난 재능이 없는 여성이었다. 그 여성은 결국 자신이 서고 싶었던 무대에, 자신이 구현하고자 했던 아름다움을 표현할 수 있는 존재, 누구보다 뛰어난 재능을 지닌 댄서를 세움으로써 자신의 꿈을 실현한다. 여성은 커튼 뒤편에 서서 무대의 조명과 아름다운 댄서를 가만히 지켜보며, 미소 짓는다. 나는 그 여성이 번역가도 이 주인공 여성과 비슷한 위치성을 가진다고 생각한다. 작가가 조형물을 만드는 동안, 번역가는 그 조형물의 그림자를 조각한다. 스스로 완전한 아름다움을 만들어내지는 못하지만, 훌륭한 조각가가 빚은 작품을 닦으며 광채를 더

할 수는 있다. 그리고 나에게 가장 그 광채를 보여주고 있는 관객은, 항상 나 자신이다.

다시 처음의 질문으로 돌아가 볼까. 혼자 하는 번역이 의미가 있을까. 사서 고생하고 시간 낭비하는 건 아닐까.

애초에 자신을 채워가는 행위인 취미를 시간 낭비 따위로 칭할 수 있겠느냐마는, 좀 더 애써서 항변해보자면 적어도 나에게는 의미가 있다. 나는 그것을 함으로써 충만해진다. 무지개보다도 다양한 빛깔의 언어성들 사이에서, 나는 그들이 주는 감각을 먹고 그 속에서 헤엄친다. 내가 만나는 작품들과 작가들은 나의 부족한 예술성이 찾아 헤맸던 영감과 보석들을 보여준다. 나는 그들을 번역함으로써, 언젠가 그 보석들의 광채를 완전히 구현할 수 있을 만한 번역가가 될 수 있으리라는 새로운 희망을 얻는다.

에필로그

처음 번역 일지를 써야겠다고 마음먹었을 때까지만 하더라도 나는 순수하게 번역에 대한 이야기만 하게 될 것이라고 생각했다. 그러니까, 이렇게까지 나의 인생 전반에 대해서 말하게 될 거라곤 상상도 하지 못했다.

하지만 도저히 두 이야기를 분리해낼 수가 없었다. 번역과 나의 삶은 내가 알고 있었던 것보다도 깊게 엮여 있었다. 나는 번역과 함께 나이를 먹었고, 번역은 내가 아무리 밀어내도 어느 순간 다시금 내 삶에 들어와 있었다.

나의 중학교 시절은 번역 없이 이야기할 수 없다. 고등학교 시절부터 대학생이 되어 거의 두 번째 사춘기에 가까운 혼란들을 겪을 때, 방황하는 나와 달리 책꽂이 한 구석에서 항상 자리를 지켰던 "백조의 여름"은 나에게 절대적인 존재였다. 번역은 나에게 꿈을 꾼다는 게 뭔지 처음으로 알게 해주었고, 동시에 그 꿈을 잃는다는 게 뭔지도 가르쳐 주었다.

지금 다시 생각해보면, 그 이삿날에 책을 잃어버렸던 건 어쩌면 행운일지도 모른다. 그 오래된 책에는 지난날의 열정도 들어있었지만, 열정을 가졌던 어린 시절에 대한 집착과 향수가 지저분하게 점철되어 있었다. 나의 바이블이 실종되었던 건 그만큼 내 상태가 엉망이라는 반증이기도 했지만, 동시에 나로 하여금 삶을 새롭게 시작할 핑계거리를 만들어 주었다. 덕분에 다시 번역으로 되돌아가는 경험을 최근에서야 했다. 모든 게 사라진 자리 위에서 새롭게 번역을 하면서, 내가 그래도 한 계단 앞으로 내디뎠다. 사라도 분명 알아봐주었을 것이다.

한국에서 취미로 번역을 하는 사람은 나뿐만이 아니다. 유튜브만 하더라도, 친절하게 각종 애니메이션이나, 유명 CF, 노래 가사 등을 번역하여 올려주시는 분들이 정말 많다. 아마 그분들도 자기 나름대로의 번역에 대한 가치관, 생각, 그리고 고민을 가지고 있지 않을까. 무에서 유를 창조하지는 않지만, 이미 존재하는 '유' 위에서 자신만의 세계를 만들어 나가고 있다는, 예술가로서의 자긍심도 가슴 한 편에 있으리라. 물론 나 혼자만의 망상일 수 있다. 어쨌든 나는 그런 자긍심이 있다. 번역을 할 때 내가 예술을 하고 있다는 생각 말이다. 면허를 갖춘 전문 번역가분들이 본다면 코웃음칠 이야기일 수도 있겠지만.

유일한 취미도 아니고, 유행하는 취미도 아닌데. 이 지극히 사적인 취미 기록서를 사람들과 공유한다는 것의 의미는 뭘까? 아무도 모르는 어떤 사람의 재롱잔치가 될까 걱정이 앞섰다. 10년 동안 같은 취미에 매달린 고리타분한 인간의 이야기를 읽는 게 의미가 있을까. 이 책이, 번역과 내가 다시 한 번 만나 특별한 왈츠를 추는, 그런 양자 간의 이벤트를 마련해보려는 나의 욕심이면 어떡하나.

그렇다고 있지도 않았던 거창한 의미를 지어낼 수는 없는 노릇이다. 솔직하게 인정해야 했다. 이 책은 "열네 살의 여름" 같은 훌륭한 문학성을 갖추지 못했다고. 그보단 "백조의 여름" 같이 어딘가 모자란 번역가의 횡설수설한 일기 같은 것이라고.

그러나 그런 건 있다. 집요하게 무언가를 '파는', 무언가에 극도의 '덕후'가 되어 있는 사람의 이야기를 읽다보면 나도 모르게, 나는 내가 묵혀두었던 취미를 다시금 집어들게 된다. 나도 뭔가 만들고 싶고, 다시 꿈을 꾸고 싶다는 열망이 끓어오른다. 나는 그래서 예술가에 관한 책을 상당히 오래 읽는 편이다. 그 사람이 한 말 한 문장 한 문장 읽을 때마다 내 안에서 무언가가 요동친다. 그러면 소설을 끄적이든, 일기를 쓰든, 그림을 그려보든, 어떻게든 무언가를 '만들어보기' 위해 책을 덮는다. 그러다 지치면 또 책으로 돌아오고. 또 가슴이 끓고. 그래서 또 책을 덮고 쌩하니 다른 곳으로 가고…. 그런 것의 반복이다. 그러니 책 읽는 데에 오래 걸릴 수밖에.

  그 정도로 대단한 책은 아니더라도, 이 이야기가 누군가에게 가슴 한 켠에 숨어있던 반짝임을 되찾을 수 있는 계기였으면 좋겠다. 저 혼자 하던 취미 하나가지고 이렇게 글을 쓰는 사람도 있는데. 나도 한 번 해볼까? 그런 생각을 해보는 사람들이 한 명이라도 있다면 정말 행복할 것 같다.

  여름은 이제 지나가고 창문을 열어놓으면 서늘한 가을바람이 분다. 곧 있으면 풀벌레들이 나올 것이고, 풀들이 죽어가는 계절이 다가오는구나, 그런 게 여실히 느껴지겠지. "백조의 여름"을 한참 번역해대던 중학교 시절 내가 가장 좋아하는 계절은 당연 여름이었고, 고등학교 때까지도 번역하던 그 시절에 대한 향수 때문에 좋아하는 계절로 무조건 여름을 꼽았다. 나는 사라였고 사라는 나였다-고등학교 1학년 때 인정사항으로 사라의 나이 "14살"을 아무 생각 없이 기재했다가 선생님한테 불려간 적도 있었다. 그때 처음으로 아, 나 정말 사라의 계절에 멈춰있구나, 그렇게 생각을 했었지만 이내 그 생각도 흘러갔고 "백조의 여름"은 여전히 나의 바이블이었다.
  그러나 이제는 여름보다 가을과 겨울이 더 좋다. 그리고 제일 좋아하는 계절이 여름이 아니라고, 맘 편하게 말할 수도 있다. 피하고 싶어 했던 계절을 좋아하게 되었다는 건 참 아이러니하다. 나는 여전히 번역을, 베치 혹은 베티 바이어스를, 그리고 "백조의 여름"을 좋아하지만, 이제는 그것만이 나의 전부는 아니다.

§

 심각한 아이러니가 하나 있다. 내가 번역한 책보다, 번역에 대하여 이야기한 일기가 먼저 세상에 나왔다. 웃기는 일이다. 이보다 더 번역-스러운 일이 있을까? 번역가가 아무리 그림자를 창조해도, 독자에게 그리고 세상에 가장 먼저 얼굴을 내미는 건 그 그림자를 만들어주고 있는 작가의 작품이니 말이다. 나의 번역은 심지어 나의 창작물 속에서도 여전히 그림자로 남았다.

 그래도 상관없다. 앞으로도 나는 혼자만을 위한 번역을 계속 해나갈 것이다.

 그럼에도, 내가 마음속에 두고 있던 독자가 단 한 명도 없는 것은 아니다. 딱 한 명 있다. 베치 바이어스. 작가에게만큼은 내가 썼던 번역본을 보내주고 싶었다. 그림들도. 그녀의 이메일 주소라도 얻고 싶어 검색들을 해봤지만 나오지 않았다. 편지를 붙이고 싶었지만 주소도 당연 알 수 없었다. 그리고 얼마 전, 다시 한 번 그녀의 이름을 검색했다가, 그녀가 올해 3월 세상을 떠났다는 걸 알게 되었다. 심장이 쿵 내려앉았다. 먼 미국땅, 냉랭한 인터넷 글씨체로 전해오는 죽음의 무게가 너무나 컸다.

 그녀에게 정말 말해주고 싶었다. 당신 덕에 너무 행복했다고, 당신의 이야기는 내 인생에서 너무나 큰 부분을 차지하고 있다고, 당신에게 나의 글들과 그림을 보여주고 싶었고 미국과 멀리 떨어진 한 나라 구석에도 당신의 이야기에 이토록 열광하는 독자가 있었다고. 그녀에게 그녀의 문학이 정말 의미 있다는 걸 꼭 알려주고 싶었다.

 너무 늦어버렸지만 이제라도 이 책을 빌려 베치 바이어스. 그녀의 명복을 빈다.

§

 나와 마찬가지로 스물세 살이 된 사라가 눈을 감는다. 자신의 앞에 여전히 오래도록 펼쳐진 하얀 계단들이 보인다. 그 밑을 본다. 찰리는 여전히 남들보다 조금 더 복잡한 계단에서 꿋꿋하게, 천천히, 걸어 나가고 있다. 사라는 이제 눈을 반대로 돌려 그 밑을 본다. 거기엔 오래도록 자신의 이야기를 따라왔던 여자애가 있다. 말 한 번 해본 적 없지만 낯이 익다. 그 아이의 계단을 본다. 남들보다 희미하지만 그럼에도 존재하는 계단. 그 아이는 한참을 망설이다가, 오래도록 계단에 앉아 있다가, 마침내 일어나 한 걸음을 뗀다. 그러곤 고개를 쳐든다. 사라도 아이를 따라 고개를 쳐든다. 그들 머리 위로 백조가 날아가고 있다. 백조의 날갯짓인지, 우연인지. 땅을 따라 낮게 기는 바람이 아이와 사라를 한 번 감쌌다가 날아간다. 여름의 절정엔 만날 수 없었던 시원한 바람.

 백조의 여름이 끝나가고 있다.

Betsy Without "S" - 무면허 번역가의 번역이야기

본 도서는 서울시캠퍼스타운사업의 지원으로 창업하여 제작되었습니다.

글 그림 | 이어떤
편집 디자인 교정교열 | 이어떤

1판 1쇄 발행 2020년 11월 13일

펴낸곳 | 도서출판 어떤
출판신고 | 2020년 09월 25일 (제2020-000079호)

블로그 | https://blog.naver.com/gulssuneun_ellie
인스타 | https://www.instagram.com/project_uddun/

ISBN 979-11-972243-0-0